Para Entender MORTE

EDITORA EME

Edição e distribuição:

EDITORA EME

Caixa Postal 1820 – CEP 13360-000 – Capivari-SP
Fone/fax: (19) 3491-7000 / 3491-5603
E-mail: pedido@editoraeme.com.br
Site: www.editoraeme.com.br

Celso Martins

Para Entender MORTE

Capivari-SP
— 2005 —

Para Entender Morte
Celso Martins

2ª edição – janeiro/2005 – do 3.001 ao 4.500 exemplares

Capa:
Eduardo Fernandes

Arte-Final e Diagramação:
André Stênico
Matheus R. Camargo

Ficha Catalográfica

Martins, Celso (1942)
Para Entender Morte, Celso Martins,(1ª edição 1997) - 2ª edição janeiro/2005, Editora EME, Capivari-SP.
154 p.
1 - Espiritismo - Estudos em torno da Morte
2 - Desencarnação - Estudos Espíritas
CDD - 133.9

ÍNDICE

Celso Martins é jornalista e escritor espírita com mais de 80 livros publicados, profissionalmente foi professor secundário da rede de ensino municipal e estadual do Rio de Janeiro.

Na EME é autor dos sucessos editoriais: O Sexo e o Amor em Nossas Vidas (12ª edição), Mensagem de Esperança (7ª edição) e Sexo, Amor e Educação (8ª edição).

PALAVRAS INICIAIS

Trago da infância uma recordação muito dolorosa. Poderia ter, na época, uns seis anos de idade (deve ter sido em meados de 1948). Numa estrada arenosa pobre mulher desesperadamente chamava pela filha, debruçando-se sobre o corpo ensangüentado de uma menina aloirada. Sua dileta Luzia fora atropelada por um carro, cujo motorista fugiu, deixando ali o corpo daquela linda criança sobre a rua numa inesquecível calorenta tarde em Nova Iguaçu. Sua filha estava... morta!

Antes e depois dessa tragédia, eu já havia e haveria de entrar em contato direto com a morte, sim! Contudo, aquele acontecimento se me marcou muito o coração. Jamais pude esquecê-lo. E se o relembro neste começo de mais um livro, faço isto para mostrar aos pais como é de incalculável importância daquilo que se vivencia nos anos iniciais da vida. Às vezes, esta influência se exerce de maneira inconsciente; o indivíduo não se dá conta de como um incidente, caído talvez no esquecimento, não irá ter um papel preponderante em suas ações depois de adolescente ou mesmo de adulto. Os pais, os educadores deveriam ter sempre isto em mente com relação à educação dos filhos, dos alunos, das crianças em geral. Apenas por isso e para isso, repito, é que trago para estas palavras iniciais este fato que, a mim, muitíssimo me marcou, embora, devo declarar desde já, desde anos antes tivesse conhecimento dos fundamentos do Espiritismo, graças ao que ouvia em casa, tão logo passei a entender o que se dizia ao redor de mim, ouvia em casa (repito) as conversas de meus pais sobre Doutrina Espírita, quer dizer, qual o significado da existência humana, a vida anterior ao berço, a vida depois do túmulo. Apesar de ter uma idéia senão completa para a minha idade, mas satisfatória para o grau de meu entendimento de então, acerca do que é a morte, o grande caso é que aquela cena brutal, muito comovente, até hoje, meio século passado, desfila diante de meus olhos com nitidez!

Bem, explicado isto, prossigo.

Se há algum assunto acerca do qual existe até hoje, quase entrado o Século XXI no calendário humano, de um modo generalizado uma grande dificuldade de ser entendido e mesmo aceita a sua explicação junto à esmagadora maioria das pessoas, este assunto é justamente a morte.

Escrevendo pelo médium Francisco Cândido Xavier, o poeta Juvenal Galeno disse de maneira muito expressiva na forma de agradável poema constante do livro **Parnaso de Além Túmulo** que, quando a morte chega em casa, a casa faz alarido; parece até que se arrasa sob as chamas de um incêndio. Ela vem buscar alguém, de quem precisa decerto; não se importa com ninguém que chore ou que se lastime. Para a morte não existe anéis de grau de doutor, nem homem alegre ou triste, nem mulher bonita ou feia, saúde, beleza e dor. Ela vem de supetão, cantou Juvenal Galeno no poema a que me refiro, para o pobre, para o rico...

Aliás, a sabedoria popular sintetiza esta realidade, esta única certeza num mundo de tantas incertitudes, num provérbio muito antigo segundo ao qual tanto morre o Papa como quem não tem capa.

Não me será necessário apresentar o Papa ao leitor. Todos conhecem, já ouviram falar, viram pela televisão a figura do sumo pontífice da Igreja Católica. Esclareço a questão da capa. No passado, quem tivesse esse capote seria bem aquinhoado de um agasalho contra o frio, a chuva, os ventos, sobretudo nas horas do sono do corpo cansado, ainda que fosse debaixo de uma árvore ou no oco de uma caverna. Pois muito bem, lá um belo dia, que só mesmo Deus sabe quando, como e onde, tanto a Sua Santidade como aquele homem desconhecido do povo esticarão as canelas, baterão as botas, como se diz no linguajar coloquial.

Para morrer — basta estar vivo! Théophile Gautier, poeta e romancista francês do século XIX, já dizia que nascer é começar a morrer. E é exatamente este fenômeno (**naturalíssimo** na qualificação admirável de Oswaldo Cruz em seu célebre testamento, ele que faleceu em fevereiro de 1917, com 45 anos incompletos), é exatamente este fenômeno naturalíssimo da existência terrena que amedronta as pessoas de um modo geral.

Sem dúvida, não poucos religiosos de certa forma se tranqüilizam porque admitem firmemente por antecipação terem acesso direto, ingresso imediato, passaporte garantido levando-os até ao céu, ao paraíso, ao seio sereno do Criador de vez que, durante a vida, se entregaram de bom grado a esta ou àquela seita salvacionista, com base numa frase atribuída a Jesus: "Quem crê em mim, ainda que esteja morto, viverá. E todo aquele que vive, e crê em mim, este nunca morrerá". Isto aparece no Evangelho segundo São João, capítulo 11 versículos 25 e 26.

É claro que respeitamos escrupulosamente este raciocínio destes religiosos. Afinal, esta pregação não induz ninguém à prática do Mal; ao contrário, chega a ser um bálsamo consolador. É, pois, um direito que eles têm de assim pensar e pregar mesmo em praça pública.

Entretanto, a grande maioria não tem esta tranqüilidade. As criaturas se intranqüilizam muito quando se toca no assunto. Muitas delas de imediato enfiam o dedo polegar por entre o indicador e o médio da mão direita na forma de uma "figa" e procuram bater firmemente esta mão fechada em um móvel de madeira, pedindo nervosamente que mudemos de assunto. Tanto como houve no passado um grupo de religiosos que se recolhia num mosteiro com o rigoroso voto de ficarem em absoluto silêncio, apenas dizendo estas palavras quando um passava pelo outro: "— Irmão, lembrai-vos de que um dia ireis morrer". Curiosamente ainda hoje é o que se dá: o outro (e nunca nós mesmos) é que irá morrer!

A despeito disto tudo, a morte um dia se dará para cada um de nós, queiramos ou não queiramos, estejamos preparados para a inevitável viagem ou não tenhamos ainda arrumado a nossa matalotagem. Para todos sem exceção se dará aquele momento em que, independentemente da **causa mortis,** acontecerá a descontinuidade nervosa. Ou por outras palavras, se dará a ruptura desta ação coordenadora do sistema nervoso sobre o funcionamento harmônico das funções vitais, determinando por isso mesmo a supressão da unidade psíquica, a nível do nosso entendimento material do que está ocorrendo. É possível que algumas células de um ou de outro órgão durante um pequeno ou maior lapso de tempo exibam vitalidade. Todavia, o indivíduo, como um todo, não mais apresentará vida. Têm começo para logo a desagregação dos tecidos, a decomposição dos órgãos, a putrefação por ação microbiana daquilo a que se dá o nome de carne.

E os pensadores, os filósofos da atualidade, aqueles que refletem com profundidade sobre os problemas do ser, da dor, do destino, às vezes só inoculam desânimo e desalento, desesperança mesmo naqueles que lêem as suas obras, chegando ao ponto extremo de considerarem, como fez o existencialista Heiddegger, o homem um **ser-para-a-morte!**

Simone de Beauvoir no livro **A Força das**

Coisas, como que fazendo sua autobiografia chega a esta meditação bem triste: "Minhas revoltas são desencorajadoras pela iminência do fim, e as minhas alegrias também empalideceram. (...) Agora as horas curtas demais me levam com rapidez para o túmulo. Evito pensar em dentro de dez anos, de um ano. As lembranças extenuam-se; os mitos despedaçam-se, os projetos abortam ao ovo; eu estou aqui, as coisas estão aqui. Se esse silêncio durar, como parece longo o meu curto futuro. (...) Detesto pensar no meu aniquilamento. Penso com melancolia nos livros lidos, nos lugares visitados, no saber acumulado e que não mais existirá. Toda a música, toda a pintura, tantos lugares percorridos — e de repente mais nada!"

Seu companheiro Jean Paul Sartre nada lhe fica a dever neste terreno da descrença. Inspirando-se em Nietzche segundo o qual Deus está morto, Sartre apesar de ter recebido na família uma educação cristã (ele era parente distante de Albert Schweitzer pelo lado materno e, como se sabe, Schweitzer era protestante, dedicando-se à música, aos pobres doentes da África e também à teologia, analisando a pregação de S. Paulo), embora esta educação cristã recebida em casa, Jean Paul Sartre, também abrindo de par em par as portas de seu coração, chegou a confessar estas palavras amargas sobre Deus: "Como não conseguiu enraizar-se no meu coração, vegetou em mim algum tempo, depois morreu. Hoje, quando me falam "Dele", digo, com a segurança de um antigo amante, encontrando a antiga companheira: Há cinqüenta anos, sem aquele mal-entendido que nos separou, poderia ter havido alguma coisa entre nós."

Ante tremendo negativismo, não nos causa espanto estas suas outras frases no seu famoso livro **As Palavras:** "A ilusão retrospectiva está em frangalhos; martírio, salvação, imortalidade, tudo desaba, o edifício cai em ruínas; capturei o Espírito Santo nos subterrâneos e expulsei-o; o ateísmo é uma experiência cruel e de longo curso: acho que a levei até o fim. Vejo claro, sou desencantado, conheço meus valores reais, mereço certamente um prêmio de civismo; há cerca de 10 anos sou um homem que desperta, curado de longa, amarga e doce loucura, que não cessa de surpreender-se e que não pode lembrar sem rir os seus antigos erros e que não sabe mais o que fazer da sua vida."

Até os poetas em cujas almas, na opinião do festejado parnasianista Alberto de Oliveira, figura de destaque na poesia brasileira, existe um templo e existe um crente, até os poetas, que poderiam trazer alento ao homem aflito, já que, na definição de Coelho Neto, a poesia é o bálsamo harmonioso da alma, até eles, às vezes destilam pessimismo em seus poemas e inoculam angústia em nossos espíritos diante da vida fugidia. Basta que eu cite aquela estrofe famosa do poeta persa Omar Khayyam na Idade Antiga a dizer:

> "Bebe o vinho da tua taça
> e depois sorri à taça vazia
> porque depois da morte
> existirá apenas a misericórdia
> ou o nada!"

Em face de tudo isto, em que ficamos? Gozar a vida à tripa forra?

Como encarar, por exemplo, a perda dos entes queridos? A mãe que vê partir na ridente flor dos anos o filho idolatrado? O filho ainda criança, sem entender direito, a saída para o túmulo do esquife daquela que o acalentou com tanta ternura ou do pai que lhe dera afeto e segurança? A esposa que vê a Parca insensível arrancar de seu convívio o esposo fiel e vice-versa, o marido perdendo, como se diz na linguagem coloquial, a mulher amorosa?

Como reagirmos nós, eu, você, nessa hora ante o corpo inerte de um amigo muito querido que nos deu apoio nos momentos difíceis, que conosco comemorou alegrias e chorou tristezas, de quem tivemos sempre um par de ouvidos discretos para ouvir as nossas confidências e lábios para proferir ponderações judiciosas e palavras de encorajamento?

Sim, como encarar a morte, sobretudo quando ela chega, dizia Juvenal Galeno, já citado antes, de supetão? De certa forma entende-se a sua ação sobre um velhinho, uma senhora de avançada idade, doentes algum tempo. De alguém que esteja no leito de hospital com aparelhos ligados para a respiração, para a circulação sangüínea, para ajudar a filtração urinária comprometida, uma vida a dizer mesmo toda ela artificial. No entanto, volto a perguntar, como entender a morte mediante um acidente automobilístico? Um desastre no mar? Um incêndio coletivo? A queda de um avião? O naufrágio de um barco? O afogamento numa praia ou numa piscina durante um dia festivo cheio de luz e calor?

Haveria alguma explicação para este mistério da existência?

Como encarar, sem descrer em Deus, este conflito, diria Freud, entre o instinto da vida

(**Eros**) e o da morte (**Thanatos**) este último vencendo no final?

É justamente o que tentaremos explicar nas páginas seguintes com as lentes fornecidas pela Doutrina Espírita, ela mesma estribada nos fatos rigorosamente investigados, daí se extraindo uma filosofia imortalista com uma expressiva mensagem de esperança para todos nós.

Rio de Janeiro, julho de 1997.

1

A NATUREZA HUMANA

Para que possamos entender a morte, é preciso entender de início o que seja a vida. Compreender melhor a natureza humana. A este conhecimento prévio dedico este capítulo. Aliás, não é de agora que os filósofos insistem nesta necessidade, recomendando mais uma vez aquela advertência que Sócrates teria tido dos oráculos: Conhece-te a ti mesmo.

Montaigne em seus **Ensaios** dizia ser o conhecimento de si mesmo a maior coisa do mundo. Antes dele, na sua famosa **Apologia,** Platão incluía esta sentença socrática: "Uma vida que não é examinada não vale a pena ser vivida". Tanto como Heráclito, lá na Grécia antiga, pregava ser impossível penetrar o segredo da Natureza sem conhecer o segredo do homem. Mais recentemente Cassirer num ensaio sobre o homem afirma parecer ser universalmente admitido que a meta mais elevada da indagação filosófica é o conhecimento interior. Desta maneira, cada pensador oferece uma visão particular da natureza humana. Por exemplo, Nietzche enuncia **a vontade do poder**; Freud destaca **o instinto sexual**; Marx superestima **os valores econômicos**; e assim por diante...

Ora, do ponto de vista orgânico muito já se conhece efetivamente acerca do ser humano. Senão, vejamos alguns dados. Em cada minuto o coração, verdadeira bomba aspirante-premente, recebe e impele 2 litros de sangue para que ele circule ao longo de uns 95.000 km de artérias, de veias e de vasos capilares a fim de que, além de outras funções, possa levar alimentos e oxigênio até todas as nossas células, delas recolhendo, ao mesmo tempo, os resíduos metabólicos para posterior eliminação através dos pulmões e da filtração renal na elaboração da urina.

Um outro exemplo ligeiro: Com apenas 1,5 kg de massa cinzenta, sob a forma de enorme noz desprovida da casca, o cérebro humano com 10 bilhões de neurônios no comando de todas as funções que ocorrem em nosso organismo, tem este órgão nobre do sistema nervoso central a capacidade de estabelecer rigorosamente milhares de interligações realizando por dia 100 vezes mais ligações do que a totalidade de todos os sistemas telefônicos do mundo!

Entretanto, apesar de ser o corpo humano esta admirável máquina, seria o homem tão somente este conjunto de tecidos e órgãos? Estariam localizadas nos chamados hemisférios cerebrais, como defendia Broca em teoria, hoje em dia não mais aceito pela ciência, as mais nobres funções do psiquismo como a inteligência, a memória, o raciocínio, o senso moral?

Sem dúvida, no cérebro há as regiões consideradas centro da audição, da visão, da fala, da associação e elaboração de respostas mediante as informações dadas pelos órgãos dos sentidos. Sim, há nele as regiões que coordenam as atividades musculares conscientes. E alguma lesão nestas zonas sempre acarreta alterações no funcionamento de um ou de diversos órgãos corporais. Mais ainda: modernamente está provado que o encéfalo também secreta substâncias químicas especiais como por exemplo a serotonina, as endorfinas, que, à maneira de alguns hormônios das glândulas internas (é o caso da tiroxina elaborada pela tiróide), podem influir no comportamento do indivíduo. No entanto, insisto na pergunta, estaria no corpo a fonte das emoções humanas? A origem dos nossos impulsos? O ponto de partida dos nossos sentimentos? Como se considera no mundo dos poetas líricos, nasceriam do coração o amor e a saudade, o rancor e o ciúme, a estima e a ternura, o ódio e a inveja?

Afinal de contas: quem somos?

Bem, à luz do Espiritismo o homem tem dupla natureza: além deste corpo visível, cujas funções em hipótese nenhuma podemos ignorar por terem, sem dúvida, capital importância; além deste corpo físico de carne e ossos, de sangue e nervos, há um princípio imaterial, que recebe o nome de **alma** pelos religiosos de todos os tempos. É justamente neste **espírito** que se radica a essência de cada um de nós. Compreendendo-se isto, mais facilmente se entende a morte.

Acontece que a Doutrina Espírita se baseia em fatos para fazer esta afirmativa sobre a existência de um elemento espiritual no homem. Por isso, passo a oferecer alguns ligeiros exemplos para que o leitor tire lá as suas conclusões.

1

O famoso sensitivo sueco Immanuel Swedenberg, na opinião do astrônomo francês

Camille Flammarion um sábio de primeira ordem em Geologia, membro de várias academias de ciência de Estocolmo, de Upsala, de São Petersburgo, encontrava-se em Londres, em fevereiro de 1772 quando mandou um bilhete ao reverendo John Wesley (o fundador da Igreja Wesleyana) onde dizia que teria grande satisfação em conhecê-lo.

Como recebesse este amável bilhete no momento em que ia partir para determinada missão evangélica, o pregador respondeu que aceitaria de bom grado visitá-lo após uma atividade em lugar distante, numa ausência que duraria apenas uns seis meses. Swedenberg responde que, em tal caso, não mais se veriam neste mundo porque ele, Swedenberg, morreria no próximo dia 29 de março. E, com efeito, naquela data, o famoso sensitivo sueco morria; quer dizer — com antecedência de mais de um mês anunciava o seu próprio falecimento.

2

Muito conhecido o psicólogo suíço Carl Gustav Jung, discípulo dissidente de Freud, falecido em 1961 aos 86 anos de idade. Pois bem, na sua última obra **Memórias, Sonhos, Reflexões** ele relata que, no decorrer da II Guerra Mundial, retornando de trem de Bolingen para casa, sustentava um livro nas mãos, no entanto, não conseguia concentrar-se na leitura; uma cena invencível o perseguia — um homem se afogava.

Seria apenas a lembrança de um acidente real, acontecido na época do seu serviço militar? Ou seria o prenúncio de alguma desgraça?

Chegando a Erlenhach, reencontra a sua segunda filha que mora em sua casa em companhia dos filhos. Fica, então, sabendo que o mais novo dos seus netos escapou de se afogar nas águas profundas de um abrigo de barcos porque o irmão mais velho o conseguiu retirar da água. E o salvamento do jovem se deu exatamente no instante em que, no comboio ferroviário, o avô tinha aquela estranha visão.

3

Louvando-se numa informação de Eliphas Levi, Gabriel Delanne na obra **Science des Esprits** traz ao leitor o que ocorreu com o sr. Sylvain Maréchal, ateu convicto, no momento de sua agonia, assistido pela esposa e pela sra. Dufour. Num dado instante, o agonizante esforçou-se para lhes falar algum coisa. Ambas as senhoras se inclinaram para ouvir aquela voz quase inaudível a dizer: **Há quinze...** Em seguida, num esforço ingente, murmurou: **quinze...** Tentou prosseguir mas era tarde demais. Deu um grande suspiro e morreu!

Na noite seguinte, a sra. Dufour acabara de deitar-se e ainda não tinha apagado a lâmpada quando ouviu a porta abrir-se levemente. Ela fez um anteparo com a mão diante da luz e olhou. Sylvain Maréchal estava no meio do cômodo, vestido como em vida, nem mais alegre nem mais triste, e lhe disse:

— Cara senhora, venho dizer-lhe o que não pude terminar ontem. Há quinhentos francos em ouro ocultos numa gaveta secreta de minha escrivaninha. Faça o possível para que este dinheiro não venha a cair em outras mãos, senão as de minha mulher.

Mais espantada do que amedrontada com esta pacífica aparição, a sra. Dufour diz ao fantasma:

— Vejo, meu caro ateu, que você agora acredita na imortalidade da alma.

Ele sorriu tristonho, meneou a cabeça e repetiu uma frase muito sua: **Dormiremos muito tempo.** E saiu. Só então a sra. Dufour se deu conta do fato. Ficou literalmente apavorada e correu para o quarto da amiga, a viúva sra. Maréchal. Mas o caso é que esta senhora por sua vez também vinha em direção da sra. Dufour, muito pálida e assustada.

— Acabo de ver Maréchal — disseram as duas ao mesmo tempo; e repetiram os detalhes, quase idênticos da visão que acabavam de ter, cada uma no seu quarto. E, para maior espanto de ambas, o dinheiro foi encontrado na gaveta secreta de tal escrivaninha.

4

A revista brasileira **Desfile** estampou recentemente matéria de Patrícia Kogut de título **Depoimentos — Do outro lado da vida.** Permito-me extrair apenas um dos casos ali citados. Ei-lo, narrado literalmente por Ana Azevedo, uma advogada de 27 anos de idade.

Há dois anos tive um acidente muito grave no centro de Belo Horizonte (Minas Gerais). Estava dirigindo com minha mãe e um cachorro de modo que me distraí. Batemos num carro parado, numa velocidade de 80 km/h. Além das fraturas generalizadas, tive traumatismo craniano. Minha mãe ficou também muito machucada. Naquele momento, me senti saindo do meu corpo, como se estivesse flutuando. Embora estivesse desmaiada, sei descrever perfeitamente o carro que me socorreu e me levou para o hospital, um Opala marrom. Reconheceria o rapaz que me ajudou. Vi quando ele colocou a minha cabeça no seu colo. Era como se eu tivesse visão de raio X, enxergando através do carro, como se estivesse voando, olhando tudo por cima. Pude perceber que meu crânio estava cortado, o osso aparecendo.

Naquele momento eu me lembro de ter pensado: — Morri.

Quando o carro chegou ao hospital, escutei as sirenes que tocavam quando o caso é muito grave. (Sei disto porque o meu marido é médico.) Veio então um grupo de médicos me examinar. Eu podia ver e ouvir tudo o que eles faziam e diziam, voando em cima da cena toda. Minha mãe estava na maca ao lado da minha (ela não passou pela mesma experiência).

Em seguida, chegou o médico da família. Aí, senti que me puxavam de volta para o corpo. E voltei. Fiquei muito assustada, e não sabia o que tinha acontecido comigo. Passei a estudar o fenômeno que hoje, sei, se chama EQM (**experiência de quase morte**) no Brasil, mas também conhecida por **out of the body experience** (OOBE). Traduzindo-se do inglês para o nosso idioma nacional: experiência fora do corpo.

5

Este relato da advogada Dra. Ana Azevedo nos remete ao tema da projeção fora do corpo. O tema já vem sendo examinado com muita seriedade científica por muitos pesquisadores. Basta lembrar que em 20 de fevereiro de 1882, em Londres, foi criada a **Society for Psychical Research** (Sociedade de Pesquisas Psíquicas). Quatro anos depois, saía publicada em dois volumes, a obra de 1420 páginas com o título de **Phantasms of**

the Livings (Fantasmas dos Vivos), da lavra de três pesquisadores da maior seriedade como Edmund Gurney, Frederic William Henry Myers e August Frank Podmore.

Posteriormente nesta mesma sociedade científica londrina tiveram atuação experimentadores de assuntos psíquicos como Hector Durville, Charles Lancelin, Albert de Rochas, dentre outros. Bem, nos anos 60 do século XX, trabalhando em nome da Parapsicologia, nos Estados Unidos, por exemplo, vamos encontrar Charles Theodore Tart. Na década seguinte podemos citar também D. Scott Rogo, Karlis Osis, Ingo Swann, Alexander Tanous, Stuart Keith Harary, sem que nos esqueçamos também de Stevenson e de Barnejee, todos estes cientistas sem nenhum compromisso com o Espiritismo, no entanto, todos eles novamente demonstrando ser realidade o que encontramos nas obras de Allan Kardec e que já fora objeto de estudo da parte de Ernesto Bozzano, de William Crookes e de outros pesquisadores no tempo em que estava em moda não a moderna Parapsicologia de Joseph Banks Rhine mas a tradicional Metapsíquica de Charles Richet.

Aliás, ao longo de toda a História da Humanidade, entre todos os povos e nas mais diferentes camadas sociais, dentro e fora do ambiente religioso os fatos comprobatórios da existência da alma e da comunicação dos espíritos com os homens aconteceram. A fim de pôr um ponto final neste capítulo, recordaria ao leitor apenas mais uma ocorrência. Valho-me do que registrou o astrônomo francês Camille Flammarion no livro **Urânia.**

Era 23 de dezembro de 1574. Henrique III, rei da França, se encontrava em Avinhão, acompanhado de sua mãe, a rainha Catarina de Médicis, e de outras pessoas ilustres na corte como o rei Navarra, o arcebispo de Lião, etc... A rainha recolhera-se mais cedo do que de hábito, ao leito. Quando ia então proferir as boas noites, um fato chamou a atenção do grupo porque ela, a rainha, atirou-se à cabeceira da cama, escondeu o rosto com as mãos e soltou um estridente grito! Solicitou o socorro dos presentes. E tentou mostrar a todos que o cardeal de Lourena, aos pés do leito, lhe estendia a mão. Amedrontada com o que via, Catarina de Médicis repetiu várias vezes:

"— Cardeal, nada tenho que tratar convosco".

De imediato o rei de Navarra ordenou que um de seus cortesãos fosse até a casa do cardeal verificar se alguma coisa de extraordinário estava acontecendo. No retorno, o enviado informou que o religioso citado... acabava de falecer!

2

A VIDA DEPOIS DA MORTE

Conforme o texto bíblico (Gênesis, capítulo 2, versículo 7), foi soprando que o Criador deu vida ao homem — inicialmente um boneco feito do pó da terra. O homem foi animado por este sopro divino de maneira que a respiração durante séculos e séculos constituiu sinônimo de vida.

Desta maneira ainda, quando alguém morre, diz-se ter dado o último suspiro. O povo em sua vida prosaica sugere encostar junto do nariz de alguém desfalecido um pequeno espelho. Se ficar embaçado, é sinal de que respira; está vivo! Caso contrário, nada mais poderá fazer-se: morreu!

No entanto, do ponto de vista médico-legal as coisas não são tão simples assim, não!... Não raro, é muito difícil constatar com exatidão o instante que separa a vida da morte. Sinais gerais indicativos da morte, quer dizer, da parada das atividades vitais seriam por exemplo a ausência de pulso nas artérias periféricas (em decorrência da cessação da circulação sangüínea), a não-audição dos batimentos cardíacos (parada cardíaca), o desaparecimento das ondas típicas do eletroencefalograma.

A introdução intracardíaca de algumas substâncias cardioestimulantes como a adrenalina é outro método para tal avaliação; em não havendo resposta, a morte já estaria instalada. De igual modo, observa-se a pupila: caso esteja totalmente aberta, plenamente dilatada não respondendo aos estímulos de luz ou de toque **(midríase)** — também a morte estaria consumada. Aí o cérebro não mais emitiria ondas elétricas; o registro eletroencefalográfico mostraria apenas uma linha isoelétrica.

Seguem-se a rigidez cadavérica, quando os músculos se tornam rígidos e as articulações duras; a desintegração posterior das fibras musculares, de modo que aquela rigidez inicial se desfaz. Numa etapa mais avançada os micróbios que normalmente habitam o organismo passam a decompô-lo (putrefação), processo químico que se associa a outros processos desagregadores desenvolvidos pelas próprias células desmanchando os tecidos e os órgãos em geral. Volta-se ao pó da terra...

Vemos então que a morte existe. Não se pode negar este fato a que estão sujeitos todos os seres viventes. Mas — haveria alguma coisa além dela? Eis a cruciante pergunta que amargura a mente de muitas criaturas. Voltarei a me reencontrar, um dia, com os entes queridos que se foram antes de nós?

Tais questões nos fazem lembrar a serenidade de Sócrates quando sua mulher, em prantos, lhe diz:

"— Foste condenado à morte?"

Obtém esta resposta magistral:

"— Meus juízes a ela também estão condenados".

Xantipas ainda argumenta:

"— Mas a tua condenação é injusta".

Nova resposta serena, digna de um filósofo altamente espiritualista, estampando o tesouro da consciência tranqüila:

"— Acaso querias que fosse justa?"

Existe vida depois da morte? — volto a perguntar, fazendo a indagação que muitos se fazem. E, ao invés de dizer **sim** ou **não**, prossigo fornecendo exemplos para que o leitor tire as suas conclusões.

1

Dr. Karl Wickland, psiquiatra norte-americano, no livro **Thirty Years Among the Dead** (Trinta Anos Entre os Mortos), depois de relatar fatos e as opiniões de vultos da História da Humanidade, dentre outras ponderações anotou as seguintes:

"O mundo espiritual e o físico estão em constante interação; o plano espiritual não é uma vaga intangibilidade, mas real e natural, uma vasta zona de substância refinada, de atividade e progresso, e a vida ali é uma continuação da vida no mundo físico.

"O fenômeno da morte ocorre de maneira tão natural e simples que grande número de pessoas, depois de abandonarem o corpo-físico, não têm consciência de que a transição se deu e, sem conhecimento da vida espiritual, ficam totalmente inconscientes do fato de haverem passado para outro estado do ser".

Evidentemente que este cientista não tem nenhum vínculo com o Espiritismo. Acontece, porém, que este seu depoimento, calcado em fatos, reafirma o que lemos em O LIVRO DOS ESPÍRITOS, na questão nº 154, quando Allan Kardec indaga se a separação da alma do corpo é dolorosa. Obtém esta resposta:

"Não, o corpo sofre, freqüentemente, mais durante a vida do que no momento da morte; neste a alma não toma parte. Os sofrimentos que experimenta, algumas vezes, no momento da morte, são um prazer para o Espírito, que vê chegar o fim do seu exílio".

A esta mesma conclusão chegou, por exemplo, a dra. norte-americana Elizabeth Kübler-Ross, depois de entrevistar mais de 20.000 desenganados, moribundos que foram ressuscitados, indivíduos de ambos os sexos e de diferentes faixas de idade, dados clinicamente como mortos e que, depois, voltaram plenamente à vitalidade, após verem seus corpos nos hospitais, nas salas de cirurgia, até mesmo nos ambientes do desastre automobilístico quando foi esta a situação daquela morte **entre aspas.**

Todavia, quero deixar bem claro desde já que não é esta serena a situação dos que se suicidam. Não e não! Terei ocasião de dedicar um capítulo adiante acerca dos martírios dos pobres suicidas!

2

Conforme o depoimento de Camille Flammarion, astrônomo já mencionado por mim em páginas anteriores, o festejado escritor também francês Victor Hugo em **Coisas Vistas** relata o seguinte:

A sra. Guérin, de 66 anos de idade, estava enferma... Às cinco horas da manhã, como sua filha se dispusesse a ir visitar a sra. Lanne, antiga tendeira que àquela hora deveria estar de volta do campo, a sra. Guérin diz à filha:

"— É inútil. A sra. Lanne morreu. Às quatro horas, da manhã, estando bem acordada, vi a sra. Lanne passar e dizer: — Vou partir. Vindes também?"

Verificou-se, depois, que a velha tendeira havia falecido no horário anunciado pela mãe sra. Guérin.

3

Bem mais dramático é o relato que apresento em seguida. Recolho-o no depoimento de James Hyslop, professor da Universidade de Colúmbia, pesquisador idôneo da Sociedade Americana de Pesquisas Psíquicas.

Amanhecia o dia 13 de outubro de 1907. O tenente James Sutton, do Corpo de Fuzileiros

Navais dos Estados Unidos, foi encontrado morto na Academia Naval. Uma bala de pistola o atingira na cabeça. Deram várias versões para esta morte violenta, porém a mais aceita foi a de que ele havia se desentendido com dois colegas, mostrando-lhes dois revólveres. Eles tentaram desarmá-lo, inutilmente. Acabou por matar-se — era o que os outros afirmavam.

Acontece, porém, que em Oregon, na véspera da tragédia, a mãe do tenente James Sutton, a sra. Rosa B. Sutton pressentiu que algo de ruim poderia acontecer com o filho. Chegou mesmo a comentar com a família esse pressentimento, dando ciência disto, mais tarde, através de carta enviada ao professor James Hyslop.

Ela foi para o aposento e passou a noite inteira entre preces e lágrimas. À 1 hora da manhã o telefone tocou. O esposo atendeu e saiu de casa apressadamente. Às 2 e 30 voltou com a notícia de que o filho cometera o suicídio. Mas o tenente James Sutton, que entrava no quarto junto com aquele pai também desesperado, faz-se visível apenas à mãe, declarando bem claramente:

"— Mamãe, eu não me suicidei. Minhas mãos estão limpas desse crime, tão limpas como quando eu tinha apenas cinco anos. Ah, mamãe, não acredite no que eles disseram. Fui ferido na cabeça por um deles com uma coronhada de revólver e fiquei atordoado. Caí de joelhos e me espancaram como se eu fosse um cão vira-latas. Querida mamãe, se apenas você pudesse ver minha testa, compreenderia o que eles me fizeram. Procure saber para limpar o meu nome, mamãe. Não me suicidei. Deus lhe dará os meios para levar esses homens a prestar contas à Justiça".

Apesar de confirmadas todas as informações

que o Espírito do tenente dera de seu covarde assassinato, mediante investigação efetuada pela sra. Sutton e pelo próprio Professor Hyslop, o crime ficou impune... na Terra.

4

Em agosto de 1984, esteve o médium e tribuno espírita Divaldo Franco atendendo à extensa programação doutrinária no México e na Guatemala, conforme informa o livro **Rumo às Estrelas,** editado pelo Instituto de Difusão Espírita, com o título original **Hacia las estrellas.** Pois bem, naquela oportunidade, Divaldo Pereira Franco psicografou inúmeras mensagens de diversos pioneiros do Espiritismo em terras de fala espanhola, além de uma apresentação de sua mentora espiritual Joanna de Ângelis e do amorável médico espiritual Dr. Bezerra de Menezes.

Pois bem, Fernández Colavida em Espírito, entre outras elucidações, registrou estas:

"Sábios notáveis e céticos estudando a mediunidade, depois de elaborar teorias diferentes e contínuas para negar a sobrevivência do Espírito, se viram forçados a submeter-se à linguagem dos fatos, crendo na imortalidade, por ser esta a única hipótese que tem resistido a todas as suspeitas e incredulidades.

"A documentação é preciosa e muito ampla e é periodicamente reexaminada e aumentada com novos fatos e dados que a enriquecem e a melhoram.

"Se a vida fosse destruída com a morte, ela não teria sentido em si mesma, nem finalidade, em razão de sua fragilidade e brevidade.

"A demonstração mediúnica da imortalidade da alma proporciona valor ao homem, cujos horizontes se fazem mais amplos e distantes, assinalando-lhes possibilidades infinitas e realizações sem fim.

"Desde então, os valores éticos se agigantam e o amor adquire uma dimensão ilimitada, unindo todos os seres sob a árvore da fraternidade que impulsiona a busca da felicidade por meio do trabalho e da luta que sublimam.

"A Terra já não é o ponto final, a morada única para o ser, e sim, uma escola para a aprendizagem e para a aquisição de experiência, as quais, juntas, trabalham em favor do aperfeiçoamento do Espírito.

"A dor deixa de ser um castigo da vida para transformar-se em inevitável efeito da opção pessoal de cada um, que escolhe tal ou qual caminho, de paz ou de violência, de esforço ou de preguiça para crescer ou progredir".

Estas palavras de Fernández Colavida se afinam cem por cento com estoutras de Léon Denis, um dos mais fiéis seguidores de Allan Kardec, quando escreveu estas frases consoladoras no livro **Depois da Morte,** uma edição da Federação Espírita Brasileira:

"Não peçais às perdas do sepulcro o segredo da vida. Os ossos e as cinzas que lá jazem nada são. As almas que os animaram deixaram esses lugares, revivem em formas mais sutis, mais apuradas. Do seio do invisível, elas vos seguem com a vista, vos respondem e vos sorriem. (...). Muitas vezes, os seres que chorais e que ides procurar no cemitério, estão ao vosso lado. Vêm velar por nós aqueles que foram o amparo de vossa juventude, que vos embalaram nos braços, os amigos, companheiros das vossas alegrias e das vossas dores".

Então, para finalizar este capítulo, volto a palavra à mensagem de Colavida, escrita pelo Divaldo Franco, onde encontramos estas consolações admiráveis:

"O homem se faz consciente de que ele é o arquiteto de seu próprio destino e que sua marcha ascendente se fará sempre pelo esforço pessoal, sem privilégio algum, exceto o de ser possuidor do discernimento e da razão para fazer o que deve e lhe corresponde realizar.

"Amparado por aqueles que se lhe anteciparam no retorno ao mundo de origem, avança, confiante, olhando para a frente e para o Alto com a certeza do triunfo".

Entendemos agora aquele trecho de O LIVRO DOS ESPÍRITOS, na questão nº 165, quando Allan Kardec interroga se o conhecimento do Espiritismo exerce alguma influência sobre a duração, mais ou menos longa, de perturbação do Espírito, ao ver-se de novo no mundo espiritual. E a resposta é magistral:

"Uma influência muito grande, uma vez que o Espírito já compreendia antecipadamente a sua situação. Mas a prática do bem e a pureza da consciência são os que exercem maior influência".

Bem entendido: o conhecimento espírita auxilia muito; porém, a vivência efetiva da moral cristã é que nos credencia melhor situação no mundo espiritual, depois da morte!

3

AS VIDAS SUCESSIVAS

A rigor, a expressão vidas sucessivas à luz do Espiritismo não é lá muito correta, não. A vida nunca sofre solução de continuidade, com o terrível fenômeno da morte. A vida prossegue além do túmulo. É uma só, antes do berço e depois da tumba. Melhor seria dizermos existências sucessivas, experiências reencarnatórias progressivas.

Em OBRAS PÓSTUMAS, de Allan Kardec, encontramos este ensino básico, em matéria de Espiritismo: "Não podendo o Espírito adquirir, numa única existência corpórea, todas as qualidades morais e intelectuais necessárias para levá-lo a seu alvo, ele o consegue através de uma sucessão de existências, em cada uma das quais avança alguns passos no caminho do progresso e se purifica de algumas de suas imperfeições".

Mais ainda encontramos neste livro: "Em cada nova existência o Espírito traz o cabedal de inteligência e de moralidade adquirido nas existências precedentes, assim como os gérmes das imperfeições das quais ainda não se despojou. Quando uma existência foi mal empregada pelo Espírito, isto é, se ele não fez progresso algum na senda do Bem, ela não lhe é de nenhuma utilidade, e ele terá que reencontrá-la em condições mais ou menos penosas, como conseqüência de sua negligência e má vontade".

Entretanto, embora um tanto equivocada a expressão vidas sucessivas, já que a vida é uma só, relevemos esta maneira de se dizer já consagrada pelo uso, desde que saibamos bem o que ela significa. Aliás, como diz ainda Kardec na obra citada antes, o número de existências corpóreas é indeterminado: depende da vontade do Espírito reduzi-lo, esforçando-se ativamente pelo seu aperfeiçoamento moral.

Vamos prosseguir. O Espírito constitui a **individualidade**; daí a famosa frase de São Paulo na Epístola aos Hebreus (capítulo 9 versículo 27) segundo a qual ao homem é dado morrer uma só vez, sobrevindo depois o juízo. Tal frase paulina é uma prova da reencarnação, em que pese ao fato de muitos religiosos alegarem o contrário. Uma vez de volta ao mundo espiritual, ou sua pátria de origem, o Espírito faz como que um balanço de suas atividades, de seus pensamentos e de suas palavras no decorrer da sua última vida corporal e pede um novo corpo para regressar a fim de corrigir o que fez de errado diante das Leis de Deus e adquirir qualidades que ainda lhe faltam para ser realmente feliz. Toma um novo corpo físico. Ganha uma nova **personalidade,** palavra que deriva de **persona** que, em latim, servia para designar a máscara teatral usada pelos artistas quando no desempenho deste ou daquele papel de um personagem.

O próprio Jesus a isto se referiu de maneira muito categórica ao ser procurado por Nicodemos, conforme o relato contido no Evangelho segundo São João (Capítulo 3). A afirmativa do Cristo é bem clara àquele doutor da Lei quando este último interpela como pode um homem, para entrar no reino de Deus, sendo velho, nascer de novo? Poderá novamente entrar no ventre materno? O Mestre reafirma enfaticamente a necessidade de nascer pela água e pelo Espírito.

Bem, o renascimento pelo Espírito até que sem dificuldades se entende. Como poderá alguém ser feliz se está, ainda, encharcado de ódio ou movido pelo egoísmo, impulsionado pelo orgulho e coisas do gênero?.. Claro deva despir-se destas mazelas morais promovendo sua renovação interior, sua reformulação de comportamento ético, aprimorando os seus sentimentos e ampliando os seus conhecimentos também.

Já renascer pela água implica a formação de um novo corpo. Impossível, pelo menos no planeta em que vivemos, impossível supor qualquer ser vivo, ainda que seja um micróbio, sem que no seu corpo não apareça a água. Nosso corpo, por exemplo, tem mais de 65% de sua massa corporal constituída de água, obrigatoriamente presente em todos os tecidos e órgãos. Água que ingerimos através dos alimentos líquidos, água ingerida **in natura**, água ingerida por meio de alimentos sólidos e ainda água formada a partir da oxidação (ou queima) dos alimentos no interior das mitocôndrias, num processo a que se dá o nome de respiração intracelular. Perfaz tudo isto num total de quase 2500 centímetros cúbicos por dia num indivíduo adulto no gozo da saúde. Água que eliminamos em igual quantidade por dia através da urina, das fezes, do suor e do ar úmido expelido pelos pulmões.

Toma parte esta água em todas as reações orgânicas. As propriedades físico-químicas deste líquido contribuem decisivamente para a manutenção do organismo. Por isso é que a Nicodemos Jesus sabiamente dizia ser necessário nascer pela água. Referia-se a uma nova ou melhor até a muitas outras existências num corpo onde a água é de suma importância...

1

A tese das vidas sucessivas não é pregação dos espíritas de Kardec até a atualidade. Não. Já mostrei o exemplo expressivo fornecido por Jesus, há dois mil anos. Além disto, vamos encontrar esta teoria reencarnacionista em muitas outras passagens da História da Humanidade. Ligeiramente posso dar exemplos.

Félicien Challaye na obra **Petite Histoire des Grandes Religions** (Pequena História das Grandes Religiões) anota esta frase: "Cada nascimento para os australianos é a alma de um ancestral que reaparece em um corpo novo. Na morte ele volta ao país das almas e depois retorna a encarnar-se".

No Vedanta, sistema ensinado pelo hindu Shankaracharia, era ensinado isto: "Se vos entregardes aos vossos desejos, só fareis condenar-vos a continuar, ao morrerdes, novas ligações com outros corpos e com outros mundos".

Filon, baseando-se nas idéias pitagóricas e platônicas, admite que "a alma humana deve combater a irascibilidade e a concupiscência, para não voltar a expiar suas culpas no mundo terreno por meio das transmigrações sucessivas".

No muito citado diálogo entre Arjuna e Krishna, contido no poema famoso **Bhagavad-Gita**, que quer dizer **Sublime Canção da Imortalidade**, acerca do qual o pensador alemão

Schopenhauer, muito conhecido por seu derrotismo, dizia que lhe deu forças para enfrentar a vida e lhe daria consolação para encarar a morte, neste diálogo entre Arjuna e Krishna encontramos expressões como as que se seguem: "A alma encarnada abandona os velhos corpos e torna a vestir outros novos, assim como o homem troca roupa usada por uma nova. (...) Uma única vida não oferece possibilidade de resgate de todas as dívidas nem de alcançarmos a perfeição no Bem, na Verdade, no Belo".

Não fora a reencarnação, ser-nos-ia totalmente impossível cumprir aquele ensino de Jesus, registrado no **Sermão do Monte,** segundo o evangelista São Mateus (Capítulo 5 versículo 48) que diz assim: Sede perfeitos como perfeito é o Pai que está no céu.

2

Embora o assunto não seja do âmbito do presente livro, nem por isto deixarei de dar-lhe mais atenção porque é de suma importância a sua análise para que possamos entender melhor o que é a morte. Prossigo um pouco mais.

Via de regra esquecemos o que fizemos ou quem fomos no passado. É a Misericórdia de Deus que lança sobre a nossa memória atual a cortina deste providencial esquecimento. O escritor Léon Denis, que aliás continuou de maneira muito ativa o trabalho iniciado por Allan Kardec, em sua obra **Depois da Morte** esclarece bem este aspecto da reencarnação dizendo:

"O esquecimento do passado é a condição indispensável de toda prova e de todo progresso. O nosso passado guarda manchas e nódoas. Percorrendo a série dos tempos, atravessando as idades da brutalidade, devemos ter acumulado bastante faltas, bastante iniqüidades. Libertos apenas ontem da barreira, o peso dessas recordações seria acabrunhador para nós. A vida terrestre é, algumas vezes, difícil de suportar; ainda mais seria se, ao cortejo dos nossos males atuais, acrescesse a memória dos sofrimentos ou das vergonhas passadas".

Nosso companheiro Aureliano Alves Netto, com quem tive a alegria e a honra de escrever diversos livros em regime de co-autoria, discorrendo sobre este assunto, dentre outros tópicos, escreveu os que transcrevo:

"Até mesmo o sentimento instintivo selvagem, relativamente à existência de Deus e o pressentimento da vida futura são devidos à lembrança que ele conserva do que sabia como Espírito, antes de encarnar. As simpatias e antipatias podem explicar-se por reminiscências de um passado de que participaram velhos amigos ou desafetos que se reencontram. Reminiscências do pretérito, também, as idéias inatas, os pendores artísticos, as vocações religiosas.

"O sono, libertando parcialmente a alma, é o retorno a curto prazo à vida espiritual. Enquanto dorme, o homem pode entrar em contato com entidades deste e do outro mundo e rememorar fatos de reencarnações transatas e da vida no espaço. O sonho é uma imagem, de ordinário, distorcida, mas por vezes muito fiel, do que ocorreu durante o sono. A recordação das vidas passadas será tanto mais nítida quanto mais completo o desprendimento da alma.

"O sentimento do já visto ou do já experimentado é o fenômeno que, na definição de Carlos

Imbassahy, "consiste em experimentar uma pessoa a sensação de já ter visto aquilo que lhe aparece à vista pela primeira vez, ou ouve o que já teria ouvido, ou sente o que lhe parecia já ter sentido".

E prossegue ainda Aureliano Alves Netto:

"O padre Pierre-Jules Berthelay, da diocese de Clerment, capelão militar, escreveu a Flammarion afirmando que várias vezes teve a noção exata de haver visto lugares em que jamais estivera, chegando a orientar-se por estradas nunca dantes percorridas por ele.

"Há, por outro lado, o sentimento do já vivido. Juliano, o Apóstata, lembrava-se de que fora Alexandre da Macedônia. Empédocles dizia lembrar-se de ter sido rapaz e rapariga. Ponson du Terrail, por sinal adversário do Espiritismo, escreveu que se recordava de haver vivido ao tempo de Hermótimo, Eufórbio e um dos Argonautas.

"E para que demonstração mais lógica e evidente de lembranças do passado do que as crianças-prodígio? Quando e onde teriam elas adquirido seus conhecimentos senão alhures, quando animavam outro corpo e possivelmente habitavam outro lugar?

"Henrique de Heinecken, aos dois anos de idade, falava três línguas. Darwin, aos cinco anos já se dedicava ao estudo da evolução dos animais. Também aos cinco anos, Paganini dava concertos de violino. Pico de la Mirandola, com dez anos, falava fluentemente o latim, o grego, o hebraico e o árabe. Pascal, com doze anos, descobriu a Geometria plana.

"O sono anestésico, certos estados doentios (febre aguda, afecções cerebrais, delírios), quedas graves e choques emocionais violentos, provocando a separação parcial do perispírito (o envoltório do Espírito, unindo-o ao corpo físico) favorecem a revivência dos períodos da vida anterior.

"Os afogados salvos ao morrer, costumam dizer que passaram por uma espécie de visão retrospectiva em que desfilam, numa seqüência vertiginosa, os principais episódios vividos desde o nascimento. Perfeita analogia com "a visão panorâmica" ou "memória sintética" a que se refere Bozzano, verificada no momento da morte.

"A regressão da memória constitui uma das provas mais evidentes da reencarnação. Consiste em hipnotizar a pessoa, ordenar-lhe que relembre o passado, em etapas regressivas, a começar pela véspera, depois antevéspera, uma semana, um mês, um ano antes, até à infância e à vida anterior. Depois, ainda, à vida no espaço e às encarnações anteriores. Fernández Colavida fez uma percipiente regredir quatro existências na Terra. Albert de Rochas, Bertrand, Bouvier e outros fizeram importantes experiências nesse sentido. Tornou-se clássico o caso da Bridey Murphy, relatado por Morey Bernstein no livro que traz precisamente este título".

3

Para completar o raciocínio deste capítulo, valho-me de novo do amigo Aureliano Alves Netto, transcrevendo excertos de um comentário de sua lavra. Vejamos:

O jornal carioca **O Dia**, em sua edição de 23 de março de 1968 publica o que passamos a resumir: O professor Augusto de Matos que, de há muito, se dedica às pesquisas parapsicológicas, conserva em seu arquivo numerosas gravações em fita magnética, contendo o depoimento de alguns percipientes submetidos à experiência de regressão da memória.

Tais gravações documentadas com riqueza de detalhes dão informes sobre a vida dos esquimós há quatro mil anos, de príncipes hectarianos de 16 mil anos antes de Cristo, bem como nazistas em campos de concentração, casamento de selvagens, estudante de lianismo na China e um discurso completo em chinês. O próprio percipiente após a descrição em língua nativa, traduz para o português.

O jovem Francisco Antonio Lopes Landares, atualmente estudando na Faculdade de Medicina de Córdoba, Argentina, submeteu-se, em 1963, a uma experiência, durante a qual, após descrever a vida atual, regrediu a uma existência anterior, quando era alemão e se chamava Adams. Disse que estava descansando de uma batalha e chegara à França, com 17 anos de idade. Indicou os nomes de seus pais: Fritz e Elga Hausterlin. Regredindo a um passado mais remoto, assumiu a personalidade de um camponês de Portugal e relatou: — Estamos em 1835 e meu pai é Luís. Tenho 10 anos. Não estudo, mas trabalho nas vinhas e aos domingos vamos com o Senhor Alcaide à missa. Vamos numa carruagem, eu e meus seis irmãos. Acrescentou haver falecido quando, certo dia de inverno, saíra de casa e fora atacado por cinco lobos.

Bem, agradeço à colaboração do Aureliano A. Netto por estas elucidações com as quais só me resta uma esperança — a de ter **matado,** permitido me expressar deste modo, a morte. Sim, a morte como separação da alma do corpo, ela existe; porém não é, de modo nenhum, o ponto final de tudo e de todos, não! Após aquele instante da separação, continuaremos a existir, a viver em outras dimensões, com as nossas qualidades e com as nossas aquisições, com os nossos anseios de progresso e as nossas manifestações de afeto para com os entes queridos que ainda permanecem na vida orgânica à face da Terra.

Por tudo isto é que o poeta Leôncio Corrêa, através do lápis do médium Francisco Cândido Xavier, escreveu esta consoladora trova:

"No amor aberto em feridas
Em cuja dor te renovas,
Sana-se o mal de outras vidas
Em meio de grandes provas".

Para Entender... Morte

4

O SUICÍDIO NÃO RESOLVE NADA

No final do capítulo anterior consta uma trova do Espírito Leôncio Corrêa, através do médium Francisco Cândido Xavier, na qual aparece a palavra **provas**. Deixe-me esclarecer o que seja isto.

Deus criou todos os Espíritos simples e ignorantes, quer dizer, todos nós, sem nenhuma exceção, devemos, temos de progredir em todos os sentidos ao longo das existências sucessivas. Vamos desta maneira adquirindo qualidades intelectuais e morais na construção de nossa própria felicidade verdadeira e interior.

No livro **Devassando o Invisível,** Yvonne do Amaral Pereira escrevendo sob a orientação de seus mentores espirituais nos dá a informação de que um mesmo Espírito, nesta conquista da perfeição, animou as personalidades de Ovídio, músico da poesia, de Rafael, o poeta da pintura e, mais recentemente, Chopin, o poeta da música.

Nenhum Espírito tem de trilhar, obrigatoriamente o caminho da Maldade. À medida que avança, maior se torna o seu livre-arbítrio, a sua capacidade de escolher entre o Bem e o Mal para que, com a assistência amorosa dos amigos espirituais, aprenda no regime de erros e de acertos, marchando em direção da perfeição a que todos, repito, sem nenhuma exceção, estamos destinados pelo infinito Amor de Deus!

Estas experiências corpóreas se dão no planeta Terra ou em outros astros porque, conforme dizia o próprio Jesus, há muitas moradas na casa do Pai, que é o Universo. Ver o Evangelho segundo São João, capítulo 14 versículo 1 a 3. E a ciência astronômica moderna confirma esta tese defendida pelo Espiritismo desde Kardec da pluralidade dos mundos habitados. Admite-se, por exemplo, neste final de século XX, que — se fôssemos contar o número dos planetas com possibilidade de vida, contando **um por segundo** (!), levaríamos nada mais nada menos do que 95 bilhões de séculos (!!!) para ser efetiva a referida contagem!...

1

Estará reclamando o leitor com toda razão: "Ainda não se definiu o que sejam as **provas**". Bem, se por **expiação** devemos entender o resgate, a penalidade que o infrator da Lei de Deus sofre por ação de sua própria consciência (já que Deus não é nenhum detetive que nos vigie 24 horas por dia) — por **provação** devemos compreender os testes pelos quais o Espírito passa a fim de demonstrar a si mesmo já ter adquirido estas ou aquelas qualidades intelectuais e morais. Já haver incorporado definitivamente ao seu patrimônio individual intransferível estes ou aqueles atributos necessários à sua perfeição.

Então, como estamos a ver, as provas são os

meios de aprendizagem para a aferição de valores, ao passo que as expiações são os pagamentos das dívidas contraídas nesta ou em vidas anteriores.

O planeta em que vivemos no presente é de provas e de expiações. Allan Kardec em O EVANGELHO SEGUNDO O ESPIRITISMO amplia ainda mais a nossa compreensão desta matéria afirmando isto no capítulo 5: "(...) a expiação serve de prova, mas nem sempre a prova é uma expiação. Provas e expiações, todavia, são sempre sinais de relativa inferioridade, porquanto o que é perfeito não precisa ser provado".

2

Pelo que se leu, aqui na Terra ou em mundos da mesma categoria material e moral, reencarnam exatamente aqueles Espíritos que ainda necessitam deste burilamento. E para auxiliá-los, Deus sempre envia Espíritos mais adiantados, desenvolvendo missões sendo Jesus — o Espírito mais perfeito que pela Terra passou — o exemplo máximo de missionário. Basta que se consulte a questão nº 625 de O LIVRO DOS ESPÍRITOS, de Allan Kardec.

Cabe nesta altura destes estudos doutrinários elucidar uma passagem da vida de Jesus. É aquela que aparece no Evangelho segundo São Mateus, capítulo 11, versículo 11 quando o Mestre declara textualmente: "Dos filhos de ventre de mulher, João Batista é o maior. Porém, o menor no Reino dos Céus é maior do que ele". Queria dizer Jesus o seguinte: o Espírito que animou o corpo do último dos profetas dos judeus ainda necessitava de uma expiação. Como sabemos, morreu degolado por ordem de Herodes, o Tetrarca, a pedido de Herodíades, mulher de seu irmão Felipe, com a qual o rei vivia e por isso fora acremente admoestado pelo profeta. Destes Espíritos que, pois, ainda precisavam de reencarnar em mundo como o nosso, João era o mais adiantado.

Espíritos Superiores não mais necessitam destas expiações ou destas provas. Quando, por exceção, nascem no mundo, como aprendemos em O LIVRO DOS ESPÍRITOS (item nº 111), desempenham uma missão, servem de modelo para toda a Humanidade.

3

Diante do que está aí exposto, já se percebe que o suicídio não resolve, não soluciona problemas de ninguém; não alivia as angústias de quem quer que seja. Muito pelo contrário, sempre complica mais e mais todas as delicadas situações expiatórias.

Não preciso dizer que entendo o estado de ânimo (ou de desânimo) daquele que apela para a autodestruição. Supõe que a morte será a única saída. Engana-se. Ilude-se. Tudo se agrava. São os próprios Espíritos que se equivocaram neste sentido que, quando podem, voltam através dos médiuns idôneos, dando notícias do suplício em que se viram envolvidos no Grande Além, com a agravante de ter de recomeçar tudo de novo, em piores situações.

Não se acuse, pois, o que se matou. Antes que chegue a este ponto, seja ele esclarecido e atendido em sua depressão. Basta que se leia o livro O CÉU E O INFERNO, de Kardec, para que tudo isso fique bem claro. Recomendo sua leitura atenta. E se não bastassem os esclarecimentos desta obra aí citada, darei dois outros em seguida.

Nascido em 18 de abril de 1842, na ilha de São Miguel, **Antero de Quental** foi renomado poeta português. Após ter publicado versos românticos, e se empenhado vivamente na defesa de ideais sociais reformistas em prol dos operários, acabou entrando num profundo estado depressivo. Cheio de pessimismo, buscou remédios e médicos. Foi até Paris buscar atendimento do famoso neurologista francês Charcot. Em vão esta tentativa se fez. Não obteve alívio algum. A 11 de setembro de 1891, diante de um convento, na mesma ilha onde nascera, dá dois tiros de revólver na boca.

É possível que o Espírito de algum inimigo nosso do passado, o Espírito de alguém a quem tenhamos prejudicado, possa sugerir àquele que está em depressão diante desta ou daquela dificuldade aparentemente insolúvel, a idéia macabra da autodestruição. Neste sentido, escrevendo pela mediunidade de Yvonne A. Pereira, o Espírito Bezerra de Menezes, no livro **Dramas da Obsessão** assim se expressa: "(...) os complexos dos noticiários macabros onde avultam todas as modalidades da delinqüência e do insulto à harmonia da sociedade, do crime e da desesperança sem tréguas, muitas vezes tiveram origem na influência de seres invisíveis sobre os portes mediúnicos ignorados ou rejeitados do delinqüente, pois não esqueceremos que se trata de forças tão naturais na espécie humana como qualquer outro dos cinco sentidos que integram a mesma personalidade humana".

Quer dizer, quem pratica um ato violento poderá, sim, estar debaixo de uma influência espiritual das mais perniciosas. No entanto, desde já declaro alto e bom som: o Espírito desencarnado sofredor que persegue sua inimizade agora encarnada e atravessando dificuldades, este obsessor sugere mas não impõe. Sopra a sugestão mas não obriga. Vale-se da invigilância, estimula a tendência, aproveita-se da sua atual condição de invisível, no entanto, respeita o livre-arbítrio humano. A iniciativa é sempre do próprio encarnado que pensa dar cabo do seu viver infeliz! Sempre a culpa é do homem que se deixou dominar pela entidade perturbada e perturbadora. Não lhe soube oferecer tenaz resistência ao menos através da prece. O homem que desenvolveu o hábito salutar da prece diária, tem maiores probabilidades de superar com êxito as vicissitudes do dia-a-dia! A oração, provinda da alma com fé em Deus, é sempre fonte de positivos recursos dinâmicos cuja ação beneficia sempre.

Quem tem, pois, a idéia sinistra de suicídio,

peça a assistência amorosa dos amigos do Alto. Poderá triunfar sobre estas vicissitudes do humano viver, sim! O próprio **Antero de Quental,** depois, escrevendo através do médium português Fernando de Lacerda, assim se expressa em página contida no volume II da obra **Do País da Luz:**

"Nós, os tendenciosos ao suicídio, desprezamos os vastíssimos recursos que Deus nos forneceu para podermos sair triunfantes da adversidade e da tentação; e recorremos só àquele que ele não nos permite usar. (...) A tentação ao suicídio é um pesadelo em que nos envolvemos e de que somos tomados acordados. Aquele que quiser reagir, acordará desse pesadelo e reagirá. Nem é preciso muita energia. Basta um pouco de vontade e de bom senso".

4

Prometi ao leitor dois exemplos de Espíritos que nos relatam os seus sofrimentos **post-mortem**. Já citei **Antero de Quental**; vejamos a seguir, e para terminar este capítulo, **Camilo Castelo Branco,** o mais fecundo dos romancistas da Literatura Portuguesa, o autor de **Amor de Perdição**, de **Amor de Salvação**, de **Noites de Insônia**, de **Memórias do Cárcere**, etc., etc., etc... num total de 262 títulos!...

Nasceu em Lisboa em 1825 e atentou contra a vida, depois que ficou cego, sucumbindo na mesma cidade em 1891. Quer dizer, um ano depois do gesto tresloucado de seu companheiro poeta. Pois bem, mais tarde, através da mediunidade de Yvonne do Amaral Pereira, com o pseudônimo de Camilo Cândido Botelho, escreveu a impressionante obra **Memórias de um**

Suicida, cuja leitura recomendo a todos. Desta obra extraio esta advertência:

"O suicida é um Espírito criminoso, falido nos compromissos que tinha para com as Leis sábias, justas e imutáveis estabelecidas pelo Criador, **e que se vê obrigado a repetir a experiência na Terra, tomando corpo novo, uma vez que destruiu aquele que a Lei lhe confiara para instrumento de auxílio na conquista do próprio aperfeiçoamento".** (Os grifos são do próprio autor comunicante nesta obra editada pela Federação Espírita Brasileira).

5
A INFLUÊNCIA DOS ESPÍRITOS

August Comte, contemporâneo de Kardec, declarava em sua filosofia positivista que os vivos são sempre e cada mais governados pelos mortos.

Com estas palavras este pensador — aliás o

criador da Sociologia como ciência autônoma — estava apenas a relembrar a influência que os grandes vultos da Humanidade sem dúvida sempre exerceram sobre as nacionalidades, sobre os povos, sobre as futuras gerações. Suas descobertas, suas invenções, suas obras artísticas, suas decisões políticas e econômicas, suas teorias científicas ou filosóficas, suas atitudes militares, enfim, o que eles fizeram ou disseram em vida, ou deixaram escrito — tudo isto em todos os ramos das atividades humanas exerce uma influência sobre muitas gerações do porvir.

O próprio físico Isaac Newton declarava que vira mais longe, ele que enunciou a lei da gravitação universal, porque subira sobre os ombros de gigantes, alusão a um Galileu, a um Copérnico, a um Kepler, os quais lhe forneceram elementos para uma visão mais ampla do Universo.

Nem de leve desconfiava August Comte estar afirmando uma verdade mais abrangente porque sua frase famosa também se aplica à influência dos Espíritos desencarnados sobre os encarnados. E vice-versa.

Poderia mesmo causar pasmo e um sorriso de descrença esta questão levantada por Kardec, em O LIVRO DOS ESPÍRITOS, nº 459, na qual o Codificador do Espiritismo, interpela aos Espíritos Superiores se o mundo invisível influi sobre os nossos pensamentos e as nossas ações, obtendo uma resposta positiva, nestes termos:

"— A esse respeito sua influência é maior do que credes porque, com freqüência, são os Espíritos que vos dirigem."

Bem, como vinha fazendo no início deste livro, passo a dar ao leitor amigo exemplos para que ele mesmo tire lá as suas conclusões.

Ei-los a seguir.

1

Dr. S. Weir Mitchell era eminente neurologista da cidade de Filadélfia, no século XIX, quando, numa fria tarde de inverno, após um dia de exaustivo trabalho no consultório, adormece sentado numa cadeira. Acorda, pouco depois, pelo toque da campainha e se vê diante de uma adolescente magra, tiritando de frio, com um xale sobre os ombros, pedindo que fosse ver sua mãe, gravemente enferma.

Prontamente o médico a segue pelas ruas da cidade, cobertas de neve, até uma casa velha sob cujas escadas a jovem o conduziu. Uma vez no quarto da doente, nela reconheceu de pronto uma antiga criada de sua casa. Diagnosticou pneumonia e providenciou os remédios adequados para o caso.

Dr. Mitchell acomodou a enfermeira mais confortavelmente e felicitou a mulher por ter uma filha tão dedicada a ponto de enfrentar o rigoroso inverno e ir buscá-lo para medicá-la. Ouvindo isto, a enferma olhou-o com estupefação dizendo-lhe que a filha morrera há um mês. E ainda indicou:

— "Naquele armário estão os seus sapatos e o seu xale!"

De pronto o médico abre o armário e, com efeito, ali estavam um par de sapatos e o xale, que ele vira sobre os ombros da adolescente, que lhe tocara a campainha, dobrado e completamente seco de modo que não poderia de modo nenhum ter sido utilizado há minutos atrás.

Fatos como este atestam a existência de um Espírito no ser humano, Espírito este que prossegue vivo depois da morte, guardando ainda os mesmos sentimentos de amor para com os entes queridos, podendo eventualmente comunicar-se com os vivos e a eles aparecendo, dando prova, assim, da imortalidade da alma.

2

Prossigo no terreno dos exemplos. Agora, passo a palavra à reportagem de Antonio J. Azevedo, publicada em **O Jornal de Nanuque,** em sua edição de 9 de abril de 1974 que assim se inicia:

"Evidentemente foi muito agradável a surpresa que experimentou o dr. Claudionor Ribeiro Moura, funcionário da Receita Federal, de Nanuque, Estado de Minas Gerais, em deparar-se com o seu compadre e amigo Raimundo Leal, de Salvador, Bahia, que há quatro anos não via, em meio da multidão reunida em Coroa Vermelha, em Porto Seguro, o primeiro ponto da abordagem de Pedro Álvares Cabral, na descoberta do Brasil, por ocasião da inauguração da BR-101, no dia 22 de abril de 1973."

Discorrendo sobre este fato, nosso amigo Aureliano Alves Netto declara o seguinte: Pormenorizando o acontecimento, informa o articulista Antonio J. Azevedo que dois velhos amigos se abraçaram efusivamente e entretiveram uma animada palestra, que se prolongou por cerca de 30 minutos, rememorando alegres episódios passados, daqueles saudosos tempos quando trabalhavam juntos.

Estava presente o Prefeito de Nanuque, sr. Geraldo da Conceição Romano, que conversava à parte, numa roda de amigos. O dr. Claudionor aguardava oportunidade para apresentá-lo ao compadre, mas este, alegando a necessidade de encontrar-se com **uns amigos,** apressou-se nas despedidas e ausentou-se do local.

Diz ainda Aureliano A. Netto que o funcionário fazendário percebeu um certo ar de tristeza nas feições de Raimundo, que insistia em dirigir os olhos para o chão, como que procurando evitar ser encarado pelos circunstantes.

Quatro meses depois, encontrando-se em Salvador, o dr. Claudionor resolveu fazer uma visita ao velho amigo, porém, ao chegar à casa em que ele morava, foi surpreendido com a notícia de que Raimundo Leal era falecido, há quase um ano! A viúva, ao ter conhecimento do encontro em Porto Seguro, não pôde dominar a emoção e chorou copiosamente.

Adianta Antonio J. Azevedo que o dr. Claudionor Azevedo é católico, homem sistemático, culto, conceituado e muito equilibrado. Observa ainda a reportagem do jornal de Nanuque que o prefeito Geraldo Romano viu o homem que, na verdade, era um Espírito materializado, sem que o soubessem, e teve ocasião de perguntar ao seu companheiro quem era a pessoa com quem falava.

Então eu volto a ter a palavra e dizer que este caso completa o anterior: o Espírito, em havendo condições, poderá aparecer materializado e exercer influência na vida dos homens como de certa forma os exemplos citados nos mostram.

Contudo, vamos seguir vendo mais exemplos disto. Vamos em frente.

3

A dra. Louise Rhine, esposa de Joseph Banks Rhine, o criador da moderna Parapsicologia, desde 1930, nos Estados Unidos, esta doutora Rhine, no livro **The Invisible Picture** (quer dizer, O Retrato Invisível) relata este fato interessante: Um casal em lua-de-mel cavalgou pelas montanhas até a cidade de Utah, para o jantar comemorativo ao casamento. Enquanto ali estavam, o marido recebeu um telegrama informando-o de que a mãe de sua esposa havia falecido.

Ele não revelou nada à esposa. Apenas alegou que deveriam voltar imediatamente. Para isto, alugaram novos cavalos e começaram a longa viagem de regresso. Pois muito bem, em seu caderno de memórias, esta jovem esposa escreveu estas frases:

"A chuva caía em torrentes no meio duma trovoada ensurdecedora e clarões penetrantes de relâmpagos. Estava horrivelmente assustada. De qualquer modo na escuridão saímos da estrada. Subitamente os cavalos relincharam, empinando-se e pararam imobilizados.

"Naquele momento o resplendor de um relâmpago esmaltou o quadro e vi minha mãe de pé, com os braços abertos na frente dos cavalos.

"Estávamos mesmo à beira de um precipício que caía a pique sobre o rio muito baixo. Não penso que isto fosse um sonho ou fantasia. Não sabia então que a minha mãe tinha morrido, por isso creio que minha mãe — em Espírito — deteve os cavalos, salvando assim as nossas vidas."

4

Permito-me dar mais exemplos ainda. Para que não se pense sejam tais eventos coisas de pessoas ignorantes, crédulas, supersticiosas, vamos parar no recinto da Casa Branca, a residência oficial dos presidentes dos Estados Unidos da

América do Norte. E de lá vou extrair alguns exemplos.

Num programa de televisão, naquela nação considerada a mais adiantada do mundo, Margareth Truman, ao recordar seus dias naquela Casa com o pai, Harry Truman, dizia-lhe:

— "Lembra-se, papai, da noite em que ouviu uma batida na porta do seu quarto de dormir?"

Respondeu o pai, o ex-presidente Truman:

"— Sim, ouvi a batida. Eram mais ou menos três horas da manhã. Levantei-me, abri a porta e não vi ninguém. Suponho que era o fantasma de Lincoln de passagem pelo **hall.**"

Vale lembrar que Truman ocupou a presidência dos Estados Unidos em abril de 1945, quando, antes de terminar a II Guerra Mundial, morria o famoso estadista Franklin Delano Roosevelt.

Truman termina o mandato e em 1948 é eleito presidente daquela nação, vindo a falecer em 1952.

Com relação a Lincoln, vale também recordar que ele veio de origem humilde: foi lenhador e barqueiro do Rio Mississipi antes de ser presidente dos Estados Unidos, cargo para o qual foi eleito em 1860 e reeleito quatro anos depois, em plena Guerra Civil. Tentarei sumariar os fatos de seu governo.

Os estados do Sul queriam a escravidão dos negros porque estava sua economia centrada na agricultura principalmente do algodão, vendido à Europa. Já os estados do Norte, de topografia não muito adequada à agricultura, preferindo a industrialização, defendiam a liberdade dos negros. Instala-se a Guerra de Secessão em abril de 1861, custa a vida de mais de 600 mil pessoas e termina com a vitória dos nortistas (logo, do governo de Lincoln) em abril de 1865.

Embora meses antes do final das hostilidades já houvesse sido decretada a extinção da escravatura, terminada a Guerra, é Lincoln mortalmente ferido à bala de revólver por um fanático sulista dentro de um teatro em 1865. Evidentemente novos presidentes ocuparam a Casa Branca e vários deles vieram a ver o fantasma do antigo estadista. A sra . Calvin Coolidge (esposa de um presidente) assevera que viu o seu fantasma contemplando das janelas do Salão Oval as colinas de Virgínia, onde foram travadas algumas das mais encarniçadas batalhas da referida Guerra Civil. Mesmo o presidente Hoover, homem moderado, admitiu ter ouvido ruídos que sugeriam a presença de fantasmas naquela residência oficial.

Aliás, além de Lincoln também o seu filhinho Willie, que morreu tragicamente enquanto o pai era presidente, fez aparições ao presidente Grant e família quando estes últimos tentavam comunicação com os mortos! Assim, não se estranha aquela pergunta que Margareth Truman fez ao pai publicamente pela tevê norte-americana.

5

Bem, se o assunto está voltado para a figura de Abraham Lincoln, eu me permito alongar-me um pouco mais neste capítulo. Vejamos. Baseio-me no livro **Sessões Espíritas na Casa Branca,** lançado em 1967, pela Casa Editora O Clarim relatando como o referido presidente norte americano conversava com os Espíritos desencarnados através de uma jovem médium chamada Nettie Colburn Maynard.

No seu primeiro contato com esta médium,

recebeu do Espírito Daniel Webster, homem de estado, deputado, senador, secretário de vários presidentes anteriores, o conselho de que Lincoln deveria decretar o fim do regime escravocrata.

Outra vez, quando a situação das tropas do Governo na frente das batalhas estava se deteriorando, o Espírito de seu velho amigo Dr. Banford sugeriu ao presidente ir ele mesmo em pessoa, acompanhado de seus familiares ao campo de luta. Não fosse acompanhado de oficiais, de autoridades, não. Deixasse de lado as formalidades, o protocolo, a etiqueta... Que fosse até às tendas dos soldados mais humildes que estavam em precaríssimas condições nos pântanos dolorosamente sem ânimo para a luta fratricida. Com esta sua atitude haveria uma reviravolta nas operações bélicas e o Governo seria triunfante.

Lincoln seguiu o conselho do **morto** e a Guerra chegou ao fim. Quer dizer, lembrando a frase inicial de August Comte: eram os vivos sendo conduzidos pelos mortos!

Aliás, houve na Casa Branca fatos mais sensacionais. Rapidamente eu lembraria que uma médium chamada Sra. Belle Miller convocou os Espíritos para que erguessem um piano do chão. Assim eles fizeram embora estivessem sentados sobre o pesado móvel o presidente Lincoln e dois auxiliares.

Apareceu um jornalista de Nova Iorque dizendo que era mentira. Não havia nenhum piano que se elevava do solo coisa nenhuma. Lincoln calmamente desafiou o repórter com estas palavras:

"— Que venha aqui um descrente e, quando o piano for erguido, ele que coloque o pé sob a perna do móvel. Ficará então convencido pelo peso da prova em seu pé."

Não me será preciso dizer que o repórter não quis apresentar-se para a experiência.

6

Dá-se o oposto também. Quer dizer, os Espíritos de igual maneira sofrem a influência dos encarnados. E até por longos tempos. Por exemplo, no livro **Nos Domínios da Mediunidade,** o Espírito André Luiz, escrevendo pelo médium Chico Xavier, recorda um caso do gênero desta influência dos vivos sobre os **mortos**.

Determinado rapaz francês namorava uma bela jovem brasileira, no início do século XIX, na cidade do Rio de Janeiro. Os pais vieram para o Brasil em 1791, fugindo das atrocidades da Revolução Francesa. Quando o namoro estava firme e bem íntimo, eis que os genitores do moço resolveram regressar à França. Desolado, o rapaz acatou a ordem do pai e, para provar à namorada o seu amor, deu-lhe de presente um espelho, prometendo voltar breve, tão logo pudesse, para casar-se com ela.

Ocorre que, uma vez na Europa, o moço conhece outra mulher com quem se casa, esquecendo de cumprir o que prometera à brasileirinha. Desiludida e angustiada, nossa patrícia morre desgostosa e durante longos anos no mundo espiritual se apega ao espelho, o objeto de sua esperança amorosa.

André Luiz, em visita a um museu da Espiritualidade, de vez que no mundo espiritual há escolas, hospitais, jardins, lares bem como ambientes de sofrimento onde permanecem os Espíritos até uma nova reencarnação; dizia eu, André Luiz em visita a um museu do Outro Lado da Vida encontra o Espírito da rapariga apegada ao espelho por profundos laços fluídicos mais de cem anos devido àquela promessa de casamento não concretizado. Indaga André Luiz como se daria a libertação da pobre moça. Resposta: o mentor Áulus diz que a libertação da moça se dará quando o próprio moço que provocou aquela **fixação mental** na jovem sofredora ou então a mulher que a afastou do namorado, em uma futura reencarnação a tomarem como um familiar próximo (filha ou esposa) para o resgate do débito contraído.

Entenda-se assim o que ensina Kardec em **O EVANGELHO SEGUNDO O ESPIRITISMO** em cujo capítulo 14 encontramos este trecho muito expressivo: "Os Espíritos que se encarnam numa mesma família, sobretudo como parentes próximos, são o mais freqüentemente Espíritos simpáticos, ligados por relações anteriores, que se traduzem pela afeição durante a vida terrena. Mas pode ainda acontecer que estes Espíritos sejam completamente estranhos uns aos outros, separados por antipatias igualmente anteriores que se traduzem também por seu antagonismo na Terra, a fim de lhes servir de prova."

Voltando ao caso relatado por André Luiz, ao pensar em nossos entes queridos, que nos antecederam na grande e inevitável viagem, pensemos neles em seus momentos de alegria e de vitória, em seus dias de ventura e de crescimento espiritual. Deixemos de lado as recordações tristes, os seus possíveis defeitos (quem de nós não os tem?). A rememoração das cenas alegres será alegria renovada para os seus corações onde quer que eles estejam, às vezes bem juntos de nós. Tanto como a relembrança de seus enganos ou de seus sofrimentos poderá prolongar suas dificuldades no mundo espiritual.

Para pôr um ponto final neste capítulo, recordaria o velho provérbio oriental, creio que de Confúcio que nos dá este oportuno conselho: "Quando vieste ao mundo, todos sorriam e só tu choravas. Vive de maneira que, quando dele tu te fores, que todos chorem e apenas tu sorrias." Será o sorriso da vitória, do triunfo, da certeza de que estamos de volta à pátria de origem mais perfeitos, mais purificados, mais próximos do Criador.

6

COMO SE COMPORTAR NUM VELÓRIO

Num livro onde se procura **matar a morte,** ou pelo menos fazer com que ela seja entendida de maneira mais natural, vale a pena a gente parar e se questionar. Como, à luz do Espiritismo, se comportar num velório?

Aliás, os companheiros de Juiz de Fora (Minas Gerais), do Instituto Maria, em boa hora lançaram nos anos 80 um livro sobre **Velório,** cuja leitura recomendo.

Entre o corpo material e o Espírito há um corpo energético a que Kardec deu o nome de **perispírito.** É o envoltório do Espírito. Com a chegada da morte, este corpo se separa dos órgãos materiais, que começam a decompor-se e segue o Espírito em sua volta ao mundo espiritual. Acontece que esta separação não se dá de modo instantâneo. Faz-se esta dissociação aos poucos. Tanto que Emmanuel recomenda seja respeitado o espaço de 72 horas entre o momento da morte e a cremação do cadáver, se este tenha sido o desejo manifestado por aquele Espírito quando em vida material. Neste lapso de tempo se desatam os laços perispirituais e a cremação possivelmente não irá ser tão sentida pelo Espírito que regressa à pátria da Verdade.

Quando a criatura já é moralizada, independentemente de credo religioso, o Espírito mais facilmente se separa do corpo que não tem condições de vitalidade. Ao contrário, criaturas profundamente apegadas às sensações materiais levarão, por isso mesmo, um tempo maior para separar-se de seus despojos inertes.

Muitos suicidas, como punição da consciência contra o seu gesto tão desvairado, podem mesmo permanecer ligados durante anos a seus restos funerais. Mais uma razão para merecer nossas preces os que assim fugiram da vida material.

Além do mais, devemos levar em conta os laços afetivos que unem as criaturas que morrem e seus familiares, às vezes são pais ou mães que deixam filhos ou netos precisando ainda de amparo e orientação. Os maridos que deixam viúvas em dificuldades financeiras. As mães que desejam ainda cuidar de suas filhas não muito ajuizadas. O contrário também deve ser analisado: filhos ou netos, sobrinhos que cuidavam de parentes idosos, inválidos. Claro que a misericórdia de Deus sempre cuida de todos nós. Já dizia Jesus que, nós, imperfeitos não damos uma pedra a um filho que pede um pedaço de pão, nem uma cobra se o filho suplica um peixe, como é que Deus não haveria de cuidar de dar-nos aquilo de que necessitamos? Este ensino de Jesus aparece no Sermão do Monte, registrando-se em São Mateus, capítulo 7. No entanto, na hora da morte, nem todos temos esta confiança no Amor de Deus.

Diante disto, o melhor comportamento num velório não é contar anedotas; não é relembrar os possíveis enganos e equívocos do defunto; não é chorar com revolta contra os desígnios do Senhor da Vida. A melhor conduta é o reconhecimento, é a prece, é a emissão de pensamentos sinceros no sentido de que o desencarnado seja bem recebido por seus amigos e familiares do outro lado.

Se formos convidados a fazer a prece ante a saída do caixão para o túmulo, aproveitemos para dizer, em rápidas palavras simples mas nascidas do coração, o que significa a morte, não o ponto final mas o retorno daquele irmão ao mundo maior.

Em síntese, coloquemo-nos no lugar do Espírito que desencarna... Um dia também, ali estaremos. Façamos o que desejaríamos que nos fizessem. Nisto consiste, afinal, todo o ensinamento deixado por Jesus!

7

LAÇOS DE FAMÍLIA DEPOIS DA MORTE

Dizia o romancista russo Léon Tolstói que a verdadeira felicidade reside dentro do lar, ao lado da esposa amada e dos filhos queridos. Realmente, ter uma família bem constituída, onde reine a concórdia, exista o entendimento mediante diálogo chega a ser um tesouro de inestimável valor.

Por isso, é gratificante a certeza de que a morte não será capaz de romper estes laços familiares. Passo a apresentar dois fatos que atestam isto. Vejamos:

1

O primeiro aparece no livro **O Gênio Céltico e o Mundo Invisível,** de Léon Denis, o continuador da obra de Kardec.

Marie Gouriou, da vila de Min Guenn, perto de Paimpol, deitou-se uma noite depois de haver colocado perto do seu leito o berço em que dormia seu filho. Acordada por choros durante a noite, ela viu seu quarto iluminado por uma estranha luz, e um homem inclinado sobre a criança, que a balançava levemente, cantando, em baixa voz, um refrão de marujo.

De imediato Marie Gouriou reconheceu naquele estranho exatamente o marido, que havia um mês partido para uma pescaria na Islândia. Ela bem notou que as suas roupas deixavam escorrer água do mar.

"— Como, exclamou ela, você está de volta? Tome cuidado pois vai molhar a criança... Espere que eu me levante para acender o fogo."

Aquela luz, no entanto, se esvaneceu e, quando ela acendeu o fogo, verificou que o esposo já havia desaparecido. Jamais voltaria a vê-lo pois que o primeiro navio vindo da Islândia trazia a notícia de que o barco em que ele estava pescando naufragara não se salvando ninguém justamente na mesma noite em que Marie Gouriou tinha visto o marido debruçado sobre o leito de seu filhinho.

Ocorreu aquilo a que em Espiritismo damos o

nome de visão ou até de "materialização". Mais um caso de pessoas nas vizinhanças da morte visitando os entes queridos, como exaustivamente estudou o astrônomo francês Flammarion na obra **A Morte e o seu Mistério,** em 3 volumes, edição da FEB.

2

O outro caso ocorreu por meio de uma senhora médium, envolvendo o famoso escritor Aldous Huxley. Como sabe o prezado leitor, este inglês, nascido em 1894 e falecido em 1963, escreveu novelas, sátiras, romances, ensaios, dramas, biografias e se fez muito mais conhecido ao lançar em 1932 com o seu espírito cético, o romance **Admirável Mundo Novo**, de maneira implacável satirizando a sociedade industrial.

Pois bem, o casal Ambrose A. Worral e Olga

N. Worral curava pela imposição das mãos, conforme já recomendava Jesus. Vale lembrar de passagem o que ensina o Espírito Emmanuel (médium Chico Xavier) em **O Consolador** (questão nº 98): "Assim como a transfusão de sangue representa uma renovação das forças físicas, o passe é uma transfusão de energias psíquicas, com a diferença de que os recursos orgânicos são retirados de um reservatório limitado, e os elementos psíquicos o são do reservatório ilimitado das forças espirituais."

Voltemos, porém, ao casal Worral. Em Baltimore, eles fundaram na Igreja Metodista de Monte Washington, uma clínica para tratamento espiritual e atendiam um grande número de pessoas diariamente. Olga Worral era clarividente e clariaudiente, via e ouvia os Espíritos. Certa ocasião ela viajou para Rye, Estado de Nova Iorque, para participar de um seminário durante o qual o citado romancista Huxley pronunciaria uma conferência sobre as curas espirituais.

Apresentada a ele, entre ela e o escritor começou animada conversa e, num dado momento, Olga lhe diz:

"— Há uma mulher ao seu lado e me diz que se chama Maria. Declara ser sua esposa e pede que lhe transmita esta informação: — Diga ao Huxley que eu ouvi e compreendi cada uma de suas palavras, embora eu perdesse a consciência. Ouvi cada palavra da poesia que ele leu para mim naquela hora; por isso, sou muito grata por tudo quanto ele fez por mim..."

Todos ficaram surpreendidos ao verem Aldous Huxley baixar a cabeça e chorar copiosamente. Confirmou tudo o que Olga lhe transmitira na mensagem. E ainda acrescentou:

"— Eu, para dizer a verdade, ficava imaginando se ela teria ou não ouvido o que eu estava lendo. Pensei que talvez fosse um esforço inútil, um tempo perdido. Você não pode imaginar como é reconfortante para mim saber que Maria estava consciente da minha presença junto dela."

Estava fazendo dois meses que a mulher havia morrido. E, detalhe agora altamente importante — ninguém ali dos presentes conhecia esta particularidade.

Então, é o que eu dizia no início: nada mais gratificante do que saber que a morte não tem forças para romper os laços de família. Aqueles a quem Deus ligou pelos vínculos do amor verdadeiro, nem a morte separará jamais.

8

A PERTURBAÇÃO DEPOIS DA MORTE

Na obra O LIVRO DOS ESPÍRITOS Kardec quer saber se o Espírito toma conhecimento imediatamente após a morte da sua nova situação; ao que respondem os Mentores Superiores que a consciência imediata não é bem o termo. A alma passa por um estado de perturbação durante algum tempo. É sobre isto que irei escrever neste capítulo; e para isto eu me valerei não só do livro citado mas também de outra obra de Kardec O CÉU E O INFERNO bem como em informações fornecidas pelo Espírito Joanna de Ângelis pelo médium Divaldo P. Franco no livro NO LIMIAR DO INFINITO. Vejamos, pois.

Por ocasião da morte, tudo, a princípio, é confuso. De algum tempo, precisa a alma para entrar no conhecimento de si mesma. Ela se acha como que aturdida, no estado de uma pessoa que acorda de um sono muito profundo e procura orientar-se sobre a sua situação. ... A lucidez das idéias e a memória do passado lhes voltam, à medida que se apaga a influência da matéria que ela acaba de abandonar, e à medida que se dissipa a espécie de névoa que lhe obscurece os pensamentos.

É muito variável o tempo que dura esta perturbação que se segue à morte, razão por que o velório deve ser um ambiente de prece, de recolhimento, de meditação, de paz. Pode esta perturbação variar de algumas horas, como também de muitos meses e mesmo longos anos. Aqueles que, desde quando ainda estavam na Terra, no corpo de carne e osso, se identificaram com o estado futuro que os aguardava, são aqueles Espíritos para os quais esta perturbação é menos longa porque tais criaturas para logo compreendem a posição em que, agora, se encontram.

Na verdade, este processo de desprendimento espiritual é lento ou demorado conforme o temperamento, o caráter moral, as qualidades ou aquisições espirituais da referida criatura humana. Assim, não ocorrem duas desencarnações que sejam idênticas. Cada qual desperta ou se demora na perturbação **post-mortem** conforme as suas próprias características.

Neste particular, aprendemos em Doutrina Espírita, que o comportamento religioso exerce uma influência de fundamental importância. Deste modo, aqueles que se fixam nas idéias materialistas, ficam por assim dizer hibernados, como que tentando fugir da realidade; uma espécie de bloqueio inconsciente de longo porte os atormenta em forma de pesadelos infelizes, dos quais não conseguem libertar-se facilmente. Porque estes companheiros tiveram sempre a idéia do nada, esgotam-se em terrível agonia, não se permitem ter alívio, nas regiões sombrias do negativismo e podem mesmo, estarrecidos, acompanhar de perto a decomposição de seus despojos, para que vejam nitidamente que ainda estão vivos; para que percebam de experiência própria haver, no homem, alguma coisa além daquela matéria da qual estão, agora, separados. Agarram-se aos citados restos querendo movimentá-los e, evidentemente, este esforço é totalmente em vão.

Aqueles outros que cultivaram religiões tradicionais que prometem um céu, um paraíso graças à conversão a este ou àquele credo, sem a prática desinteressada do Bem sem olhar a quem, são dolorosamente surpreendidos por uma realidade totalmente diferente com que não contavam... Quanto aos que cometeram o gesto desvairado do suicídio, já nos ocupamos deste assunto em um capítulo anterior neste livro. É só o leitor ler (ou reler) o que escrevi no capítulo 4.

Aqueles companheiros desavisados que destruíram vidas alheias, inclusive por meio de abortamento criminoso, ah, como sofrem, como experimentam aflições quando a consciência desperta com a dramática sobrecarga dos crimes praticados! Precisam de preces, de muitas preces...

A perturbação espiritual, pois, ocorre na transição da vida corporal para a espiritual. A alma experimenta como que um torpor que paralisa momentaneamente as suas faculdades, neutralizando, ao menos em parte, as suas sensações. Pode, por isso mesmo, ser considerada uma fase normal do instante da desencarnação, perdurando por tempo indeterminado, variando desde algumas horas até longos anos. Aliás, o último alento quase nunca é doloroso, uma vez que ordinariamente ocorre em momento de uma espécie de inconsciência. No entanto, nos casos de morte violenta, as sensações não são precisamente as mesmas. Nestas circunstâncias, o desprendimento só começa depois de algum tempo mais dilatado porque colhido de surpresa, o Espírito fica como que muito atormentado, aturdido, e pensa, acredita que ainda está vivo, prolongando-se esta ilusão até que compreenda o seu novo estado.

Devo dizer ao leitor amigo o que sucedeu com uma companheira de minhas relações porque foi minha professora primária, em Nova Iguaçu, em 1952 (estava eu na 3ª série do curso primário com 10 anos de idade). Bem, o caso se deu muito tempo depois, já nos anos 60.

Regressava ela com o esposo, de carro, pela Estrada Rio-São Paulo quando, na saída para entrar em Nova Iguaçu, viram um acidente automobilístico. Um carro de entrega de café bateu contra um ônibus e, nas ferragens, havia um corpo estendido, justamente o motorista do carro de café. No momento em que ela (a minha ex-professora) viu aquele corpo, fez uma prece pedindo o socorro dos amigos do Além em benefício daquele Espírito tragicamente arrancado do corpo. E seguiu para o Centro Espírita Fé, Esperança e Caridade, do qual era então Vice-Presidente a fim de participar de uma sessão de desobsessão.

Lá chegou atrasada de modo que não conversou com ninguém sobre a ocorrência que se dera na estrada. Uma vez sentada à mesa da reunião, acabou esquecendo-se do acidente que ela vira. Qual não foi a sua surpresa quando, no fim da sessão, um Espírito se manifesta. Manifesta-se e agradece, por meio de um médium de nossa absoluta confiança, aquela prece que recebera. Sem saber do que se tratava, o presidente dos trabalhos pede mais detalhes. E o Espírito comunicante, indicando com o dedo para a minha amiga, diz:

"— Estou agradecendo a prece que ela fez em meu favor. Ajudou-me muito tal oração. E se vocês querem saber mais alguma coisa, direi: Eu já era espírita aí no mundo. E no momento em que o meu carro de entrega de café bateu no ônibus e eu vim a morrer, estava justamente a pensar comigo mesmo: E se eu morresse agora? Já estaria preparado para enfrentar esta travessia? Pensava assim e deu-se o acidente e aqui estou de fato socorrido no mundo espiritual".

Como se lê, o desprendimento do Espírito está na razão direta do adiantamento moral do Espírito. A consciência tranqüila funciona como que uma paz serena. A morte não passará de um breve sono, isento de agonia e o seu despertar poderá ser suavíssimo também.

PALAVRAS FINAIS

Comecei este livro com um caso triste: a morte por atropelamento de uma linda menina e a mãe, desesperada, compreensivelmente em desalento, cobria o corpo da criança de lágrimas pedindo que voltasse à vida! Esta cena marcou-me muito a alma, embora antes e depois tivesse visto a morte de outras pessoas, conhecidas, amigas, estimadas, ou não! Foi em meados de 1948 em Nova Iguaçu. Tinha meus 6 anos de idade, então!

Graças a Deus eu tinha já a compreensão espírita; entretanto, como ser humano, estas coisas machucam o coração da gente.

Guardo a certeza, no entanto, que aquela mãezinha, se já desencarnada também, deve ter reencontrado a sua amada Luzia (assim se chamava a menina) no Grande Além. Até porque todos nós, durante o período do sono físico, podemos nos encontrar com os nossos afetos, desta ou de outras existências corporais, destes encontros nem sempre nos lembrando, a não ser no caso dos sonhos nítidos, lúcidos, até mesmo consoladores.

Meu sogro desencarnou em 1º de agosto de 1975. Foi-se do mundo aos 65 anos de idade; confesso que fiquei de novo marcado. Não perdi um sogro; perdi um segundo pai. Ele foi extremoso como filho, como irmão, como marido, como pai e como avô. Deixou saudades profundas. Nunca sonhei com ele. Ou por outras palavras: é certo que tenha entrado em contato com ele no mundo espiritual durante o sono. Mas não me recordo destes encontros. Já uma vizinha de minha sogra, quando estava esta vizinha muito doente, desenganada pelos médicos da Terra, esta senhora que não tem nenhuma noção de Espiritismo, sonhou com ele a dizer-lhe: Dona Ione, não se preocupe com a morte. Estava no hospital, (de fato, esteve internado durante 15 dias numa clínica particular onde lhe operavam de vesícula biliar e houve um erro médico na transfusão de sangue...), estava no hospital e lá um belo dia dormi mais profundamente (de fato, desencarnou às 8 horas da manhã) e, quando acordei — estava aqui no mundo espiritual (de fato, alguns anos antes de desencarnar, tornou-se espírita e **devorou** muitos livros doutrinários, acompanhou-me a vários centros onde eu ia proferir palestras, chegou a ler artigos meus em jornais espíritas).

O caso é que, depois deste sonho, dona Ione, sua vizinha doente, teve uma significativa melhora e não morreu como os médicos diziam que iria acontecer em breves meses!...

Se comecei com um caso triste, devo terminar com palavras de esperança, de otimismo e de bom ânimo. Aliás, ao longo de todos os capítulos outra coisa não tentei fazer.

Lembrarei aquela frase de Confúcio: "Aprende o bem viver e bem saberás morrer". O LIVRO DOS ESPÍRITOS na questão nº 287 aprendemos que no mundo espiritual o Espírito do justo é recebido como o de um irmão bem-amado que era esperado há longo tempo e o Espírito do perverso como um ser que se enganou. Em que situação eu estaria colocado se a teia da vida me fosse cortada neste instante? É uma questão a pensar...

Bem, entendo perfeitamente o medo da morte. Faz parte do instinto de conservação e os animais (entre os quais se situa o homem) não se importando com ela, claro que morreriam com facilidade, se não fugissem dos perigos. O corpo deve ser, pois, cuidado e muito bem cuidado no terreno da alimentação, das vestimentas, do repouso, do lazer, dos remédios nos casos de doenças, e coisas do gênero, sem cairmos no extremo de negligenciar os valores morais.

Entendo o medo da morte, então. O medo é uma emoção primária. Só que, no homem, sobretudo no hemisfério ocidental, a morte adquiriu uma conotação muito complicada, uma fonte de renda e de exploração da credulidade alheia, por que as religiões pintaram a morte de roxo, de negro, falando em diabo, em inferno, impressionando a criatura desde a infância. Esta concepção favorece o desenvolvimento do pavor quando o despertar no Além é sempre suave para aquele que traz a consciência tranqüila. Ouso repetir a frase de Confúcio acima: "Aprende a bem viver e bem saberás morrer".

Transcrevo palavras da educadora Ofélia Boisson Cardoso no livro **Psicologia das Relações Familiares** no trecho onde lemos o seguinte:

"A religião mal compreendida e, portanto, mal ensinada à criança, pode ser considerada como outra fonte de medos... Aponta-se-lhe, de início, a cólera de Deus, a ira antes de acenar-lhe com bondade e compreensão; fala-se-lhe em pecado, enegrecimento da alma, demônios e infernos; acentuam-se, em seu espírito vulnerável, o sentimento de culpa e o decorrente temor da punição, que é o mais nocivo de todos os medos que o ser humano pode experimentar".

Como se pode, então, sem dificuldades perceber, a reação descontrolada dos pais e dos adultos diante da perda de entes queridos acarreta uma profunda impressão na alma da criança; uma vez interiorizadas estas emoções fortes, desenvolver-se-á uma visão pavorosa e inconformada da morte. Como pais e educadores, pensemos nisto!

E para pôr um ponto final neste livro, valho-me de uma linda comunicação dada pelo Espírito do engenheiro agrônomo Luiz Carlos Gomes, nascido em 17 de novembro de 1943, na cidade de Ibiá, no Estado da Bahia, filho de Martiniano Gomes da Silva e Almira Galvão da Silva. Desencarnou em 26 de julho de 1986 em acidente automobilístico, na BR-116, próximo da cidade Manoel Vitorino, Bahia, deixando viúva a dra. Evanii Ribeiro Gomes e três filhos Kaliandra,

Thaís e Luiz Carlos.

Na noite de 5 de janeiro de 91, presente a dra. Evanir no Centro Espírita Caminho da Redenção, em Salvador, Bahia, o médium Divaldo Pereira Franco recebeu esta mensagem, que foi reconhecida pela viúva não só pelo estilo mas também pela assinatura, conforme consta no livro **Exaltação à Vida**, numa edição da Livraria Espírita Alvorada Editora:

Minha querida Evanir (1), meus filhos amados

Deixo-me dominar por uma onda de emoção, ao desfrutar da bênção de poder escrever-lhes.

Venho aguardando esta oportunidade com o coração ansioso, tanto quanto vocês a têm aguardado.

Busquei crescer em espírito, a fim de poder lograr o ensejo, e hoje, na data do aniversário do meu filho, do nosso filho Luizinho (2), a misericórdia de Deus me proporciona a felicidade de poder afirmar-lhes que estou feliz.

No começo tudo me foi inquietante, tormentoso, envolto em névoas, para depois dar-me conta da realidade nova e libertadora, que me proporcionou começar a entender as Leis de Deus, a que eu não dera o devido valor, quando me movimentava no corpo.

A morte, ao nos separar fisicamente, não conseguiu apagar as nossas emoções, os sentimentos de amor profundo, que ainda me comovem até as lágrimas.

No íntimo eu sabia que a minha vida terrena não seria longa. Vez por outra era assaltado por um estranho temor de que não viveria o suficiente para criar os meus filhos e conviver com a amada esposa quanto eu desejava. Uma tristeza súbita então me assaltava (3). Procurava reagir, mas, o coração sabia.

Constatando que continuamos a viver, sou tomado de uma grande alegria e não tenho como expressar todo esse júbilo.

Tenho-a acompanhado, querida Evanir, especialmente durante aqueles primeiros dias mais difíceis em Jequié (4), quando a surpresa com a minha partida lhe dominou todas as fibras.

Você, porém, foi extraordinária.

Sem experiência comercial, (5) você tem sabido conduzir as responsabilidades que lhe foram delegadas com a minha morte, e, graças a isto, tem podido manter a nossa família.

Profissional responsável, você tem feito da Medicina um sacerdócio, e embora tímida, valorizando o trabalho, você vem conseguindo ajudar e ajudar-se.

Agradeço a sua resistência moral, a sua coragem de fé e a dedicação aos nossos filhos.

A vida é um permanente desafio, e a juventude nos exige compreensão e amor, ternura e bondade.

As atrações são muito fortes e as facilidades se multiplicam fascinantes. É natural que a mocidade deseje entregar-se ao prazer, inexperiente e ansiosa, para arrepender-se depois. Aos adultos cumpre o dever de ajudar sem cansaço, nem desânimo.

Você é mãe extraordinária, e, muitas vezes, quando em dificuldade para resolver algum problema doméstico, eu tenho procurado inspirá-la, protegê-la.

Oro a Deus para que Ele a ampare afetuosamente, a fim de que a sua marcha seja menos áspera. Até esse momento, renove-se, acalme-se e confie.

Estamos juntos e seguiremos confiantes, amparados por Deus.

Queridos filhos, Thaís, Kaliandra e Luiz Carlos, (6) o paizinho que os ama pede-lhes que estudem e procedam bem. O futuro é feito de ações presentes e a dignidade é uma conquista de toda hora, que começa na infância e jamais termina.

Demos-lhe, sua mãe e eu, os melhores exemplos, e vocês têm todo o porvir para desfrutar. Agora, preparem-se e cresçam para o bem e para Deus.

Parabenizo o Luizinho, e rogo a Deus que o faça um homem de bem, um verdadeiro cristão.

Rogo a Thaís e Kaliandra, que sejam meigas com a mamãe e a Railda (7), nossa querida amiga e cooperadora, que tanto nos amam.

A vida de amor é rica de experiências abençoadas. Saber aproveitá-las é a forma de sabedoria.

Aqui estão comigo, abraçando todos vocês, os nossos, Dona Cecília (8), e esposo, abençoando a família sempre querida. "Seu" Evaristo (9), encontra-se em ação do bem, sempre procurando crescer.

Envolvendo-os, a querida esposa Evanir, os filhos amados Thaís, Kaliandra e Luiz Carlos em um só abraço, sou o pai devotado e amigo, que os não esquece e procura protegê-los em paz.

Luiz

Luiz Carlos Gomes (10)

Identificação

(1) **Evanir** — Nome da esposa. (2) **Hoje, data do aniversário do meu filho, do nosso filho Luizinho** — Dados corretos e confirmados. (3) **Uma tristeza súbita então me assaltava** — Dra. Evanir afirmou que sempre o surpreendia nesse estado, e, ao perguntar-lhe, ele prometia dizer ou escrever depois, o que não concretizou. (4) **Em Jequié** — Cidade, na Bahia, onde a família residia. (5) **Sem experiência comercial** — Dado exato. (6) **Thaís, Kaliandra e Luiz Carlos** — Nome dos filhos. Note-se a grafia dos mesmos. Kaliandra é nome de uma planta, porém, escrito com C que o genitor substituiu por K propositalmente. (7) **Railda** — Nome da auxiliar doméstica, que reside com a família há mais de dez anos e não se encontrava presente na reunião. (8) **Dona Cecília** — Mãe da Dra. Evanir, já desencarnada. (9) **"Seu" Evaristo** — O missivista não o conhe-

ceu porém referiu-se ao sogro denominando-o **Seu...** (10) **Luiz Carlos Gomes** — Grafia e nomes corretos. Quando alguém escrevia o seu nome, fazia-o com a letra **s** e ele corrigia: "o meu Luiz é com **z**". A letra é igual à assinatura que tinha, quando encarnado.

Leituras complementares:

1- **Perda de Entes Queridos** — Zilda Giunchetti Rosin — Instituto Maria.

2- **Morte é Vida** — Mesma autora — Livraria Allan Kardec Editora.

3- **Voltei** — Irmão Jacob (médium Francisco Cândido Xavier) - Federação Espírita Brasileira.

4- **A Vida no Outro Mundo** — Cairbar Schutel — Casa Editora O Clarim.

5- **Enxugando Lágrimas** — Vários Espíritos (médium Chico Xavier) — Instituto de Difusão Espírita.

6- **Como Vivem os Espíritos** — Antonio Fernandes Rodrigues — Petit Editora.

7- **Os Mortos Acordam os Vivos** — Mário B. Tamassía — Edição Círculo de Claus.

8- **O que é a Morte** — Carlos Imbassahy — Edicel Ltda.

9- **Obreiros da Vida Eterna** — Espírito André Luiz (médium Chico Xavier) Federação Espírita Brasileira

10- **O Regresso** — Ariovaldo Cavarzan e Geziel Andrade — Editora EME

11- **A Morte e o seu Mistério** - Camille Flammarion — Em 3 volumes — Federação Espírita Brasileira.

Neste livro, o autor, seleciona uma série de textos de *O Livro dos Espíritos*, tratando de temas como: O tríplice aspecto do Espiritismo; Deus: Pai de Amor e Bondade; O Mundo Espiritual e outros.

Celso Martins
10x14 • 136 pág

• Para Entender... Espiritismo

Para Entender

A série tem o objetivo de introduzir o leitor às questões mais importantes do Espiritismo, encaminhando-o ao estudo das obras básicas de Allan Kardec.

Wilson Garcia • 10x14 • 124 pág

• Mensagens de Saúde Espiritual

A leitura (e releitura) ajuda muito na sustentação do nível vibratório elevado. Abençoadas mensagens! Toda pessoa, sã ou enferma, do corpo ou da alma, devia ter esse livreto luminoso à cabeceira e ler uma mensagem por noite.

Jorge Rizzini

Geziel Andrade • 10x14 • 176 pág

• Amor e Vida em Família

Desejando tratar da família desde seus mais corriqueiros problemas até sua mais sublime finalidade, este livro, que foi todo elaborado com base numa extensa bibliografia espírita e popular, é um manifesto em prol do amor cristão. Sua fonte é a crença de que a única mensagem válida é a mensagem do amor vivido, pois quem ama serve, compreende, perdoa e constrói uma convivência mais fraterna e benéfica para todos. Se o amor é a lição maior para a transformação do homem, a família é sua escola.

Herculano Tonsing/Scheilla e outros Espíritos
10x14 • 154 pág

• Oportunidades Todo Dia

Este livro de bolso, através de sintéticas e ternas mensagens, propõe uma revisão dos valores humanos - temos de refletir nossos valores comparando-os, em vista da vida imortal, a vida verdadeira. Só assim será possível a formação de caráteres baseada em estruturas duradouras, e não em modismos ou opiniões passageiras, meras aparências a ofuscar a compreensão do bem e do mal.

Geziel Andrade • 10x14 cm • 132 pág.

• Estudo sobre Preces e Mensagens Espirituais

É um estudo importante sobre o valor da prece e sua mensagem para nossa vida. A obra trata dos fundamentos e eficácia da prece, contendo os ensinamentos de Kardec, Léon Denis, dos Bons Espíritos e Jesus, de forma a orarmos pedindo forças, coragem e sabedoria.
